哲学、する？

Tetsugaku, Suru?

平尾昌宏◉著

Masahiro Hirao

萌書房

まえがき

はじめに

この本のタイトルは「哲学、する?」。

これはみなさんへの呼びかけというか、お誘いです。

いや、「哲学、する?」なんて、いきなり友達みたいにタメ口で申し訳ないけど、「ざっとこういうのが哲学で、こんな風にやったら哲学できるかもしんないんで、やってみる?」っていうのがこの本の内容なのです。

普通の言い方をすると、哲学の入門書です。哲学の入門書、教科書。はぁ、何だか一気にテンション下がる言い方です。でもこの本は、ぶっちゃけ、たぶん日本初、ひょっとすると世界初の入門書になったんじゃないかと思ってます。そのご説明を致しまして、「まえがき」に代えさせていただく所存です。

この本の特徴

そもそも、哲学の入門書にはいくつかの種類があります。

よくあるタイプの入門書は、偉い哲学者たちの哲学があれこれ紹介してあるというものです。もう一つ、実際に哲学の問題を考えていくことで哲学に入門してもらう、というのもあります。

どっちのタイプも、それぞれに利点があります。でも、この本はどっちのタイプでもないのです。なぜこれらのやり方を取らなかったかというと、そういう本はもう既にいくつもあるから、別に新しく書かなくてもいい（というより、自分には書けない）と思ったからです。

でも、そういう消極的な理由ばっかりじゃなくて、もう一つ、積極的な理由があります。というのは、これらの入門書は、哲学がどんなものか既に知っていて興味を持っている人にとってはいい入門になるわけですが、そうでない人にとっては、「……何これ？」ということになりかねないからです。

逆に言うと、この本が目指したのは、哲学っていうのが何なのかよく知らないとか、特に興味があるわけじゃないけど、たまたま授業を取ってみたとか、哲学ってなんかかっこよさそうだけど中身はよく分かってないとか、そういう人に「哲学ってこういうもんですけど、どうすか？」と、まぁそういう本なのです。

哲学することを学ぶ

で、「どうすか？」と聞いて、私が期待する返事は、「じゃあ、いっちょうやってみっか」というものです。哲学は単なる知識ではなくて、何より哲学すること、だからです。せっかく哲学の授業を取っても、「何だか哲学っぽい」ものに触れて、「結局よく分からなかったけど、ともかく単位は取れたしいいや」で終わるっていう感じになってるんじゃないかと、私としてはそれが残念だったのです。だってね、やったら面白いんですから。

様々な学問にはそれぞれ専門家がいます。でも、哲学には他の学問と違った特徴があります。専門的な訓練があればそれに越したことはないけど、なくても哲学することができるということです。この点で哲学は、科学なんかよりも、むしろスポーツや音楽に似ています。プロのスポーツ選手やミュージシャンがいて、彼らのプレー、演奏を鑑賞することもできるけど、自分でやっても面白い。

さっきも挙げた第一のタイプ、偉い哲学者の学説を紹介した入門書は、いわば、名選手や名曲を紹介した本のようなものです。これも入門としてアリです。でもこれは、鑑賞の手引みたいなもので、自分でやるための本ではありません。

二つ目のタイプももちろんアリだけど、これは、著者自身がプレーする様子、哲学する様子を実際に見せるというものなので、何より著者自身が優れたプレーヤーでないと難しい。そして、私自身は、残念ながらそれほど優れたプレーヤーでは……。トホホです。

そこでこの本は、それらと違って、いわば、スポーツや楽器の教則本のようなものを目指しました。著者の私は、だから、いわばレッスンプロのようなものです。ま、「教則本って、読んでいてあまり面白くないいんだよなあ」とも思ったりはするんですが、考えてみるとすごく意外なことに、こういう本ってなかったのです。これがこの本の最大の特徴です。

使った題材

もう一つ、題材もちょっと工夫しました。一つ目のタイプの入門書では偉い哲学者たちが問題にしたテーマがよく扱われ、二つ目のタイプの入門書では、著者自身の関心で突っ走ったりする。いずれにせよ読者が置き去りになってる感がある。そこでこの本では、そういうものじゃなくて、自前の題材を中心にしました。その分だけ完成度が低いかもしれないけど、それはご愛敬。

一つは私自身が日常生活で出会った出来事、二つ目にはマンガとかアニメからの話題も取り入れました。私自身がマンガ好きだからということもありますが、「哲学」なんていうと、やっぱり堅い、難しい、縁遠いというイメージが強いので、親しみやすい方がいいかなと思ったからです。実際、前の本（『愛とか正義とか』）でも使ってみたところ、興味を持つ人が多かったですし。

さらにもう一つ。私は授業の時、学生さんたちにコメントを書いてもらってます。感想とか、意見とか、質問とか。そうしたものをまた授業で紹介して話を進めるのですが、中にはとても興味深い疑問や面白いアイディアを書いてくれる人がいて幸せです。だから、そういうのもいくつか取り入れました。

終わりに

スポーツや音楽の演奏ができなくても死にませんし、自分で出来なくても鑑賞することはできます。それで十分ちゃあ十分。でも、自分で出来れば、そりゃもっと楽しい。プロのように上手じゃなくても、自分でやってみる気持ちよさは何ものにも代えがたい。それと同じように、別に新しい発見をしたり、未解決の哲学的問題を解決したりしなくても、自分で哲学するってだけでも、むっちゃ楽しい。

ちゅうようなことを考えながらこの本を書きました。

この本の読み方です。

ええっと、贅沢言いますけど、二回読んでください（もちろん、三回でも四回でもいいけど）。

まずは、少し分かりにくいところがあってもいいんで、コラムや練習問題は飛ばして、ざっと全部読んじゃってください。すっごく面白くなっているかどうか分からないけど、「これは教科書だぞ！　かしこまって読め！」みたいな書き方はしてないので、読み通せると思うんです。

で、二回目は少し慎重に（章ごとのまとめを確認して、ポイントが掴めるように）読んでください。大事なポイントを自分でも使えるように練習問題もやりながら。問題の答えは、全部ではないですが、この本のあちこちに書いておきましたから、探してみてください。

そこまでやれば、みなさんにとってすごく力になると思います。「それでもあまり進歩しなかった」という人がいたら、気を落とさずに諦めてください。別に哲学なんかできなくて死にません。ただ、人生の楽しみを少し（かなり）知らないまま生きていくだけのことです。ははは！

では、始めましょう！

哲学、する？＊目次

パート1　哲学するきっかけ

パート3　考えの組み立て（推論）

●コラム●

哲学、する？

パート0

哲学とは何か

【このパートの見通し】

まずは「哲学とは何か」っていう話です。

でもねえ、哲学ほど誤解を受けているものはない気がします。みなさんの中にも、いろんなイメージがあるでしょうけど、まず大前提として哲学も学です（0-1章）。

そうである以上、なんとか学（物理学とか経済学とか）と同じで、哲学も何かを研究してるはず。では、何を研究しているのか（0-2章）。それと、学問にはそれぞれのやり方があります。じゃあ、哲学はどういうやり方をするのか（0-3章）。

実は、この本で一番分かりにくいのがこのパート。逆に言うと、ここ以外はそんなに難しくない。だから、読みにくかったら、ここを後回しにして、哲学のやり方の実例を示したパート1から読んでもらってもオッケーです。

【0-1】哲学、人生論、科学

「哲学」っていう言葉のイメージ

「哲学とは何か」を一言で言うのは難しい。それは、哲学そのものが難しいからではなくて、「哲学」って言葉のイメージが、なんて言うか、あれなんですよねぇ。

でも、あまりまどろっこしい話をしていてもしょうがないんで、試しに国語辞典で「哲学」を引いてみましょう。たいていの辞書は、大きく二つの意味を区別しています。例えば岩波書店の『広辞苑』では「①物事を根本原理から統一的に把握・理解しようとする学問」と書いてあります。うん、ものすごく抽象的だけど、ひとまずいいです。でも、もう一つ「②俗に、経験などから築き上げた人生観・世界観」とも書いてあります。

「俗に」っていうのが面白いですね。つまり、「一般にこういう意味でも使われているけど、それはあくまで本来の意味じゃないよ」ということなのです。

人生論と哲学

さて、なぜここから始めようと思ったかというと、授業で「哲学っていうのは～」と言うと、たいていみなさんに通じないからです。なんで通じないかというと、多くの人は哲学を上の②の意味でイメージしているのに対して、授業で取り上げるのは①だからです。

例えば、「『哲学』のイメージを書いてください」と言うと、よく出てくるのは「小難しそう」とか「堅そう」というヤツですが、それ以上にものすごく多いのが「哲学は人によって違う」とか「哲学には答えがない」（この点は1‐2章で取り上げます）とか、そういうのです。でもこれって、②の「経験などから築き上げた人生観・世界観」の方です。どんな経験をするかは人によって様々です。それだったら、そりゃ「哲学」も人によって違うでしょうし、「みんなに共通な答えなんてないよなあ」ってことになります。

それに、我々はみんな自分の人生を歩んでいてそれなりに経験を積み重ねている。だから、それぞれの人がそれなりに**人生論**的なものを持っています。そういうのも確かに広い意味では「哲学」と言ってもいいけど、そういうのは別に「学ぶ」ってほどのものじゃないわけです。だから、ここで学ぶのは、人生論とかとは違って、つまり「学問としての哲学」です。

哲学はなぜ学問っぽくないか

ただ、「哲学は人生論」と思っちゃうのにも理由はあります。だって、多くの人は「学問＝**科学**」というイメージを持っている。だから、「人生論と科学（＝学問）とで言えば、哲学は人生論の方だろうな」と思えるらしい。「だって、科学（＝学問）と哲学は違うだろうしな」と。

うん、科学と哲学が違うのはその通りです。つまり？　そう、実は学問には二種類あるのです。みなさんご存知の方から言えば、まず科学。そして、みなさんご存知ないかもしれないけど、科学じゃない

学問じゃない思想	**人生論**（科学でも学問でもない）	広い意味の哲学
学　問	**哲学**（科学じゃないけど学問）	
	科　学	

方の学問としての哲学。

哲学は特別

哲学は科学じゃない方の学問。でも、これは実は変な言い方なのです。だって昔は、哲学って「万学の女王」だったからです。「万学」、つまり、「全ての学問」。おお！　哲学は、「科学じゃない方」なんていうオマケっぽい存在じゃなくて、実は全ての学問の女王だったのです。

もちろん、これはあくまで昔はってことです。今はいろんな学問が発達したので、もう「哲学は全ての学問の中で一番偉い！」とか言って威張ってはいられませんけど、でも、偉いかどうか分からないけど、学問の中で哲学が特別なのは間違いありません。

哲学と科学

「昔は」と言いました。そうなのです、哲学ってものが掴まえづらいのは、昔の哲学と今の哲学が違うってことがあるからなのです。

哲学は古代ギリシャ時代に生まれました。ざっと二千数百年前のことで、これは学問の中で一番古い。一方、科学が生まれたのは近代、その歴史は二〇〇、三〇〇年しかありません。しかも科学は、実は哲学から生まれて、独立していったものなのです。

我々はもう科学が成立した以後の時代に生まれました。だから、どうしたって科学を前提として考えちゃう。だから、「学問と言えば科学」っていうイメージだし、「哲学は科学とは違うよなあ」と思える。で、哲学が科学と違うのはその通りだけど、昔はそうじゃなかった。だって昔は（つまり古代ギリシャでは）、科学そのものがなかったからです。だから、「科学っていう学問がある」という、今では当たり前の大前提が、哲学を考えるときにはジャマになるのです。

実際、哲学が万学の女王と言われたのも当然で、哲学は最初、あらゆる学問を含んでいたからです。だって、その頃には今の「いろんな科学」っていうものがなかったんで、何を研究してもそれは「哲学」と呼ぶしかなかったからです。

今さらですが、哲学は英語でフィロソフィー、ドイツ語でフィロゾフィーって言いますが、元はギリシャ語でピロソピアと言いました。これは合成語で、分解すると「ピロ＝愛する」、「ソピア＝知、智恵」です。つまり元々「哲学」っていう言葉は、「知（智恵）を愛する、求める」という意味だった。もっと砕いて言うと、「知りたい」。そう、それだけなんです。

で、今、科学が何か研究するのも、もちろん知りたいからです。これこそが学問の源。そして、この「知りたい！」を名詞にしたのが「哲学」なのです。ともかく知りたい！　何でもかんでも全部知りたい！　だから、「哲学はあらゆる学問の源」というのは、文字通り、そのまんま。

学問の樹

こうした歴史の流れを大きな樹のようなものと考えてみましょうか。その一番の根っこにあるのが「知りたい！」です。それが形になったのが「哲学」。これが樹の幹に当たります（【図1】）。

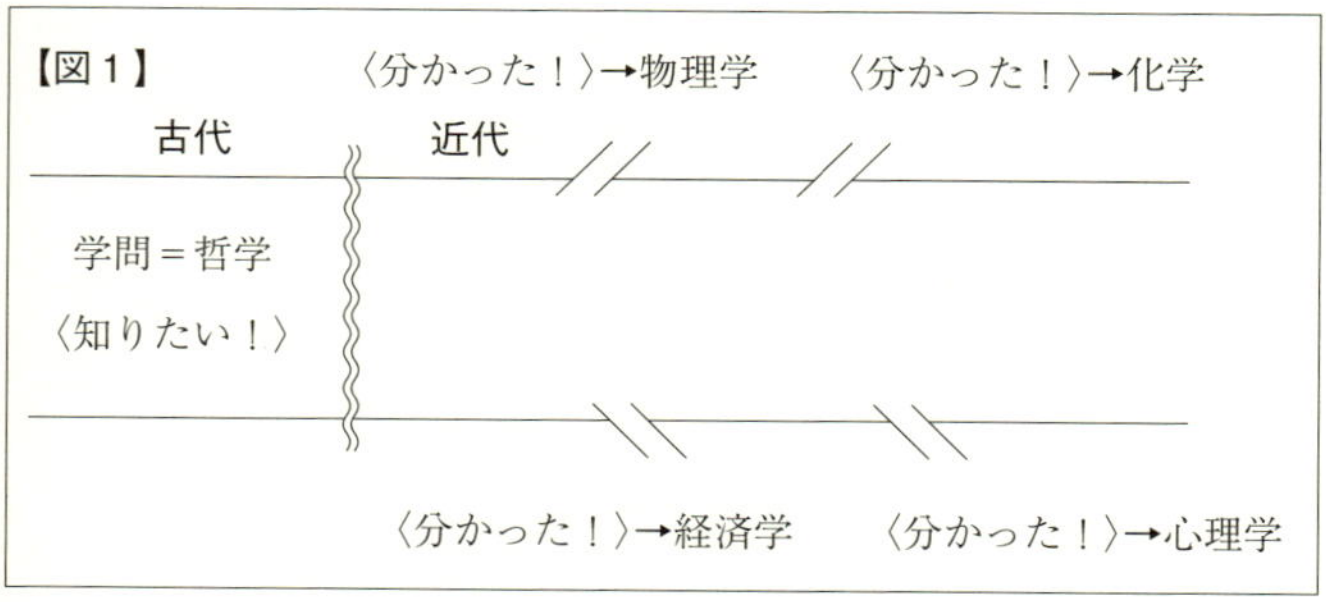

「知りたい！」っと思って研究してると、「おお、そうだったのか！」ってなる。そういう積み重ねの中から、我々が今科学と呼んでいるものが生まれてきました。分かると分けるは似ています。いつでもそうだとは言えないですが、確かに分けるとよく分かることがあります。そう、それが科学の特徴なのです。「全部何でも知りたい！」なんて贅沢は言わずに、部分々々に分けて、一つずつでも分かったらオッケー。でも、それじゃあまだ分からない部分が残るから、また一つ。これが科学のやり方です。だから、いったん分かり始めると、科学は哲学から分かれ始め、どんどん分かれて増えていきます。そう、樹の枝のように。

今の哲学

さて、昔の哲学はひとまず置いておいて、問題は今の哲学です。

「昔の哲学＝あらゆる学問」から、いろんな科学が枝分かれして独立していきました。そうすると、科学が発達してそれで全部分かって、哲学もなくなるんじゃないか、と思えてきます。ですが、幸か不幸か、そうはなりません。

コラム1：宗教，哲学，科学

人生論，**科学**の他に，**宗教**と**哲学**も区別しておきましょう。なぜだか，哲学と宗教は近いと思っている人も多いので。

宗教の歴史は古いです。人間の歴史と同じくらい古い。それに比べれば，哲学はずっと新しい。そして，科学はついさっき生まれたばかりです。

科学と比べると，確かに宗教と哲学には似たところがあります。というのは，哲学も宗教も1つの**世界観**（3-2章）だからです。それに対して，科学は世界の一部についての研究なので，世界観になりません。

でも，一方で哲学と科学には似たところがあって，宗教と全然違う。だって，哲学とそこから生まれた科学は**理屈**を大事にしますけど，宗教はそんなの超えちゃってるからです。例えば，哲学や科学では死後の世界なんか問題にしません。だって，理屈で語れないからです。でも宗教では，あの世とかそういうのを平気で口にします。そして，それには反論できません。できないと言うより，しても無駄。理屈で語られたのなら，「それはその通り！」とか「いや，違う」とか言えますけど，宗教が語ることはそうじゃないからです。「昔からそう言い伝えられてきた」とか，「神のお告げだから」というだけです。だから，後はそれを信じるか信じないかになります。一方，哲学や科学は正しいかどうかを問題にするわけです。

確かに科学が成立したおかげで、「何でもかんでも哲学」ということではなくなりました。だから「全部何でも知りたい！」というところから出発した昔の哲学に比べれば、今の哲学の範囲が狭くなったのは事実。でも、科学は部分々々をきちんと理解するという性質を持っています。細かいところは詳しく分かるようになったわけですが、部分を幾ら積み重ねても、それで全部にはならないのです。確かに、もし全部ってものが限られた量なのだったら、そこから、部分を切り出していけば、元の全部もだんだん減っていって、やがてはなくなってしまいます。でも、本当に本当の全部は無限です。そして、無限には特別な性質があって、不思議なことに、そこからいくら部分を切り出しても、いつまでも残りがあるのです。だから哲学はなくならない。

この章のまとめ

もちろん、まだ哲学の中身の話を全然していないので、よく分からないところばっかりな感じだろうと思うんですけど、でも、それでも分かったことはあります。まず、学問としての哲学と人生論としての哲学があるけど、ここで学ぶのは学問としての哲学だということ。そして、学問と言っても、科学もあるけど、科学とは違った学問として哲学があるということ。それに、次に何を知ればいいのかも分かってきました。つまり、今の哲学が科学と違うとすれば、いったいどう違うのか。次にはこの点を見ましょう。

【0-2】 哲学は何を研究するか

哲学は何を研究してもよい！

さて、哲学（今の哲学）と科学はどう違うか。一つ目は、哲学と科学がそれぞれ何を研究するかという点です。

当たり前のことから確認です。経済学は経済を研究するから経済学です。経済学者が昆虫とか動物の研究なんかすることはない。生物を研究するのは生物学者。で、当たり前だけど、生物学者は星の研究なんかしない。つまり、科学にはそれぞれの縄張り、学問領域というのがあるわけです。分けていくのが科学の特徴だったこと（八頁）を思い出してください。

「当たり前じゃん」って？　そう、ごく当たり前なんです。でも、もうみなさんも薄々気付いているかもしれませんが、哲学にはこういう当たり前が当てはまらない。そういう当たり前は科学が出来てからの当たり前で、哲学はその前からあるからです。で、簡単に言っちゃうと、哲学はもう何を研究してもいいのです。だって哲学は、「何でもかんでも全部知りたい」から出発したからです。もう好きなことと研究できちゃう。これが哲学の最大の特徴、特に科学と比べた場合の大きな特徴で利点なのです。

みなさんも「哲学って何を研究するんだろう」と思っているかもしれません。それもそのはず、何をやってもいいんだから、哲学者ごとにテーマがいろいろ。ある哲学者は「こんな研究してます」と言い、別の哲学者はまた別なことを研究してる。というわけで、「結局、哲学って何をやってるんだか？」と思えてしまう。哲学者にとっては好きなことが研究できるってことなわけで、ものすごい利点ですが、同時に、哲学者を知らない人からすると、何を研究しているか分からない、ということにもなるわけです。

哲学はするもの

授業では、「どうやったら哲学者になれますか」というような質問もよく出ます。その答えは簡単。自分で哲学すれば、もう哲学者だからです。そう、「哲学」は何よりも「哲学すること」だったからです。

もちろん、これは科学の場合だってそうだと言えばそう。でも、科学の場合にはそれぞれの分野で何を研究するか決まっていますから、それぞれの専門家がいます。ところが、哲学の場合にはそうした縛りがないので、「哲学の専門家」なんていうのがあるわけじゃない。同じことですが、科学者というのは職業ですが、哲学者っていうのは職業じゃないのです。科学者になるのには専門的な教育を受けなければなりません。でも、哲学の場合、極端に言えば、自分で考えられるのなら、お勉強なしに哲学者になれます。だって、哲学ってのは自分の好きなことを研究すればいいんだから、それを極めれば、その分野、テーマに関しては世界で一番の、というか唯一の専門家になれるかもしれない！

哲学のお勉強

もちろん、哲学をお勉強することもできます。大学でも哲学科とかがあって、そこでは哲学を専門的に勉強したりします。その場合に学ぶのは、昔の偉い哲学者の哲学です。プラトンの哲学とか、カントの哲学とか。だから「哲学が難しい」というイメージが生まれるのも当然。だって、偉い哲学者の哲学は凄いだけに難しいからです。そして、難しいだけに面白い。そうした古典的な哲学、哲学の歴史を勉強する中から、参考になることを学んだり、新しい問題を発見したりすることもできます（付録1を参照）。

でも、それらの哲学も、プラトンとかカントとかが哲学することによって作り出したものです。悪く言えば、それらの哲学もしょせんは他人が哲学した残りカス。実際、二〇世紀を代表する哲学者のフッサールとかヴィトゲンシュタインといった人たちは、実は哲学の歴史についてあまりよく知りませんで

コラム2：哲学する快楽

「まえがき」では，哲学をスポーツや音楽になぞらえて，自分でやると楽しいと書きました。というより，みなさん全員がそう思うかどうかは分かりませんけど，哲学するって，人生で最高の楽しみ，最も強烈な快楽の一つです。

小学校とか中学校では哲学はやらない。なぜか？　それは，お酒やタバコが子どもには禁じられているのと同じなのです。あまりにも楽しいものだから，子どものうちからそんなの知ってしまったら困る（ひひひ）。半分冗談ですが，半分本当です。

しかも，スポーツだったら年取ったらやりにくくなりますけど，哲学の場合には死ぬまで楽しめます。グローブもラケットもボールも要らない。ものすごく安上がり。しかも，一人でもできます。もうサイコーです。こんないいもんはない，と言いたくなります。

授業をやっていると，「哲学なんかやってどうなるんですか」と書いてくる人がいます。気持ちは分かるんですけど，それって，学校の部活とか，スクールでスポーツを学んでいる人たちに「なんでスポーツなんかやっているんですか」と聞くようなものです（1-4章も参照）。

した。でも、彼ら自身が哲学することで、結果として偉大な哲学を作り出したのです。

自分の関心から出発する

でも、「自由に、好きにしていい」というのは、実はとてもやりにくい。これは小学校や中学校での自由研究とか、感想文なんかのときにみなさんも経験しているでしょう？　ましてこの場合には「哲学」です。なんか身構えてしまうかもしれません。

でも、別に哲学は必ずしなければならないものではありません。やった方がいいだろうとは思いますが、哲学しなくてもそれだけでは死にません。いや、実を言えば、中には「哲学しないと死ぬ」という人もいるんですけど（さっきも出てきたヴィトゲンシュタインなんかはそう）、全員がそうだというわけではない。むしろ、気楽に構えた方がいいんじゃないかと、私は思います。

私なんかの場合も、「よし、今日は哲学するぞ！」っていう感じで哲学しているわけではありません。何か面白いものを見たり、気になる出来事に出会ったりして、あれこれ考えて、気付くと哲学しているのです（詳しくは1‐1章参照）。

科学の場合には、何を研究するかは決まっています。もちろん、科学の場合でも、やっぱり根っこは「知りたい！＝哲学」なので、自分の興味から研究しているわけですが、場合によっては、自分では興味がなくても仕事として研究することも可能と言えば可能。でも哲学は違います。「他の人は興味を持っているけど自分は関心を持ってない」なんていうところからは、哲学は生まれないのです。

ちょっと具体例を考えてみましょう。例えば、私が友達とか恋人とかと待ち合わせをしているとしましょう。

彼を待ちながら

でも、もう一時間も待っているのに、相手は来ません。いい加減待ちくたびれてきます。「あ〜あ、早く来ないかな」と思う。

そういう時、哲学者なら、「『待つ』ってつらい。でも、場合によっては『待つ』のが楽しいこともある。『待つ』ってどういうことなんだろう。僕らにとってどういう意味があるんだろう」と考えたりするわけです。でも、あまり待ちすぎるのも退屈。そこで「退屈」についても考えます。退屈もきわまると不安になってくるかもしれない。だったら、「不安」について考えればいい。おお、やっと来ました。そう言えば彼と出会ったのは……。そう、「出会い」について考えることもできます。

ほらね、何でも哲学のネタになるでしょう?

本当に何でもいいのか

実際、「待つ」、「退屈」、「不安」、「出会い」のそれぞれについて論じた哲学書が複数あります。でも、「何でもいい」はくせ者。本当に何でもいいのかというと、うん、正直なところそうは言えません。

先に書いたように、昔と今では違うからです。だって、今は科学があります。昔の昔なら、何かを考える、研究するっていうのは全部「哲学」でした。

例えば、今では科学者とされるニュートンも、当時は哲学者。だいいち、その頃には「科学者」って言葉もなかったんだから。ニュートンの書いた一番大事な本のタイトルも『自然哲学の数学的諸原理』というのです。同じように、今では「経済学者の父」として知られているアダム・スミスも哲学者でした。

でも、ニュートンが登場した結果、物理学が哲学から独立しました。アダム・スミスのお陰で哲学から経済学が誕生した。だから、物理学が研究することはもうわざわざ「哲学」と言わなくてもいいし、経済学は経済学で研究してもらえばいいわけです(ただし、科学が自分の領域の外に口出ししてくることになれば、哲学の側でもそれに口出しすることはあります)。

まとめて言うと、もういろんな科学があるんだから、それらが専門に研究していることはそれらの科学に任せてもいいわけです。

それと、本なんかで調べて分かることだったら、それも哲学するまでもありません。

関西のうどんの出汁はなぜ薄いのか

いやね、前に、自分が関心のあるテーマについて考えてもらうという授業をやったことがあって(この話は『愛とか正義とか』でも書いたのですが、印象的だったので、もう一度書きます)、一人ツワモノがいたんですよ。「僕は関西のうどん出汁はなぜ関東の出汁より薄いのか、というのを考えたい」というの。

私はさすがに、「別なテーマを考えて!」と言いました。だって、この問題は考えるまでもなく答えが出ているからです。私も歴史は詳しくありませんけど、大阪は商人の町だったのに対して、江戸は大工や職人といった汗をかく肉体労働者が多かったので、塩分補給が重要になって、だから関東の出汁は醤油で真っ黒なのだ、といった説明を読んだり聞いたりしたことがあります。

私はこの問題にそれほど関心がないので、本当かどうか確かめていないのですが、これは基本的に歴史と文化の問題で、調べれば分かる問題。だったら別に哲学するほどでもない。

この章のまとめ

さて、まとめておきましょう。

科学は専門家が研究して、科学を学ぶ場合には、もう分かったことを覚えるわけです。それに対して、哲学は別に専門家だけがやるものではないし、極端に言えば、誰でも、何に関しても研究できるのでした。哲学を学ぶというのは、既に出来上がった哲学を学ぶ、偉い哲学者の哲学を学ぶだけじゃなくて、自分でするのを学ぶことです。しかも哲学は、やらなきゃいけないものじゃなくて、自分でやればすごく楽しいもの。だから、自分の関心のあることから始めればよい。

ただ、歴史的な事実、調べてすぐ分かるようなことは哲学する対象にならないし、科学者が専門的に研究することも哲学する必要はない。

もっとも、自分の好きなことを研究すればいいと言っても、どうやったらいいのか？　はい、これが次の問題。

【練習問題１：ウィキペディアに書いてないこと？】

今はインターネットを見ればたいていのことは分かります。例えばウィキペディアなんか便利ですねえ。もちろんインターネットに書いてないこともありますけど、今はまだインターネットに書いてないだけで、その内にウィキペディアに項目が出来るかもしれません。

では、いつまで経っても、決してインターネットに書かれないことは考えられるでしょうか？

【練習問題2：科学はなぜ不正が多いか？】

科学研究ではしょっちゅう不正問題が起こります。一方、哲学では不正問題はまず起こりません。哲学で不正をしても意味がないのです。では、それはなぜでしょう？　理由はいくつか考えられると思いますが、一つは、この章の内容を踏まえれば、すぐ分かると思います。

【0-3】哲学はどうやって研究するか

科学はやり方が決まっている

さて、哲学のやり方です。ここでも哲学と科学を比べてみましょう。

科学のやり方は、もう言うまでもないけど、**観察**とか**実験**（による帰納➡5-1章）です。いわゆる**実証主義**というヤツ。これは学問の歴史から見るとわりあい新しい方法で、一六～一七世紀に活躍した、みなさんもご存知のガリレオや、それより少し年下に当たるベーコンという美味しそうな名前の哲学者なんかが発明したものです。そして、これを使って大成功したのが一七～一八世紀の哲学者ニュートンでした。

では、それに対して哲学のやり方は？　そう、みなさんもう見当がついているんじゃないかと思いますが（ふふふ）、哲学は何を研究するのも自由だったのと同じで、どう研究するかも決まっていない、自由なのです。ハイホー！

科学が生まれる前から学問＝哲学的な営みは行われてきました。その結果として、いろんなことが分かってきたけど、なかなか解決のつかないこともありました。そこで、どうしたらいいかを考えて、確実性を求める方向に進んだ結果として出てきたのが科学なのです。「確実に結論を出すんだったら、こういうやり方したら安心じゃね？」と考えてたどり着いたのが、実験や観察であるわけです。

哲学はどうやってもよい

前に見たように、科学も哲学の中から生まれてきたものなので、科学のこうしたやり方も哲学のやり方の一つだと言ってもいいですが、今となっては科学はもう哲学からはっきり独立しましたから、こういうやり方は科学に任せて、哲学は別なやり方を取ればいいわけです。

もう少し積極的な言い方をすると、科学は**確実性**を重視したので、その分だけ方法に縛られて、**自由**に考えることができません。それに、この世の中には、そもそも実験も観察もできないことだってあります。だから、科学だけではこの世界を理解することはできない。そこで、哲学があるわけです。

でも、哲学の歴史は長いので、その間に様々な哲学者が出て、いろんな方法を開発してきました。それに、これからもまた新しい方法が開発されるかもしれません。つまり、科学はもう何を研究するか、どう研究するかが決まってるので、極端に言えば、何も考えないで研究していても一定の成果は出ます（あくまで極端に言えば）。ところが哲学が難しくて、同時に面白いのは、そもそも何を、どう研究するかというところから自分で考えられるからなのです。

ちょっと極端な例を出します。

踊る人

私の学生時代の後輩M君は面白い人で、例えば、人を見ると「あの人は物干し竿級だね」とか「彼は幽霊級だ」とか言うのです。なんか、その人の存在感の密度のようなものをそう表現しているらしいのですが、その表現の仕方がすごく具体的。「物干し竿」ですからね。彼には実際そう見えているらしいのですが、他の人にはもちろんそんなもの見えません。

それでもM君は特に困っている様子はなかったし、バイトなんかも普通にしてましたし、変な人とか困った人というのではない。ただ、自分の見え方があまりに独特のものだから、それを他の人に伝えるのに苦労してはいるようでした。そこでどうするか。M君は踊るのです。

河原町という、京都で一番の繁華街があるのですが、その角でM君は踊っていました。「踊る」というのも当たっているかどうか分かりませんけど、何か太極拳のようなゆっくりとした動きで、ともかく何かのパフォーマンスをやるのです。つまり、これがM君の哲学のやり方、表現の仕方なのです。

もちろん、みんなに通じるとは限らない（というか、滅多に通じない）けど、時には興味を持つ人もいたようで、M君の名刺入れには、声を掛けてくれた人の名刺がぎっしり入っていました。それで、時には何かのイベントに呼ばれたりもしていたようです。

フォイ・フォイの哲学

もう一つくらい例を出しましょうか。

石沢要さんという哲学者に『フォイ・フォイの哲学』という本があります。「フォイ・フォイ」って何かと言うと、これがフォイ・フォイなのです。フォイ・フォイとしか言いようがないものが石沢さんのところに勝手に聞こえてきたらしいのです。「フォイ・フォイ」なんて、何か意味ありげに聞こえるかもしれませんけど、たぶん意味はない。っていうか、ご本人にも分からないのです。だから石沢さんも「フォイ・フォイ」と言うしかないのです。

哲学者によっては、M君や石沢さんのようなやり方を認めない人もいるだろうと思います。私も彼らの言うこと、することの意味は十分には分かりません。でも、心を広くすれば、これも哲学するやり方だと言ってもいいかと思います。

もっとも、M君のようなところまでいくと、これは哲学というよりも芸術に近くなるかもしれませんし、石沢さんのようなところまでいけば、ほんとよく分かりません。

まずは言葉と理屈と

では、「これははっきり哲学だなあ」と言えるためにはどうしたらいいか。

普通、多くの（というか、ほとんどの）哲学者が使うのは**言葉**です。自分の思いや考えを言葉で表現する。でも、それだけだったら小説とか詩とかの文学も同じです。では、哲学の特徴はどこにあるか。それはやはり、**理屈**を重視するというところです。

石沢さんやM君のようなやり方だと、ダンスでも文学でも、場合によってはスポーツとか音楽とかも哲学の一種だと言えてしまいます。それどころか、ご飯を作ったりゲームしたりも哲学の一部だと言えるかもしれない。でも、そうじゃなくて、哲学はやっぱりそれらとは違っているというのなら、その特徴は、まずは**言葉**を使い、**理屈**を重視するというところだろうと思います。

哲学は理屈っぽい！

「哲学は何だか理屈っぽい」というのもよく出てくる感想です。でも、哲学が理屈っぽいのは当然。だって、「理屈なんかどうでもいい」と言っちゃうと、もう話もできないし、伝わりもしないからです。

もちろん、日常の生活の中で、特に親しい人たちと話している時にはことさら理屈なんて考えてなくても話が通じます。「おはよう！　今日もいい天気だねえ」、「ほんとにね」とか、「『ジャンプ』の最新号読んだ？」、「おう、読んだ読んだ」、「『ワンピース』はまた面白くなってきたねえ」とか、あるいは恋人同士ならもう言葉なんか使わなくてもコミュニケーションできるかもしれません。

こういう場合にはわざわざ理屈なんて要らないでしょう。むしろ、理屈っぽいと、逆に雰囲気が壊れたりするかもしれません。

実際、以前に授業でこんなことを書いてきた人がいました。「授業でやったことが面白かったので、それを友達に話してみたら、ドン引きされました！」。

うん、そうかもね。

なぜ哲学が必要なのか

確かに私も、いつでもどこでも、誰と話をする時でも哲学が必要だとは言いません。

でも、逆に言うと、そういう楽しいお喋りが成り立たない、うまくコミュニケーションできない場合にどうするか。あるいは、あまり親しくない、よく知らない人と意見を交換しなきゃいけないとか、意見が対立していて解決策がなかなか見つからない、マニュアルもない。そういう場合こそ哲学の出番なのです。

コラム3：英語教育より哲学教育？

日本では今，小学校から英語を学ばせたらどうかという取り組みをしています。でも，これには英語教育の専門家からも反対意見が出ていますし，本当にいいことなのかどうか，私にはなかなか判断しにくいです。

もちろん，英語が使えないより使える方がいいですが，一つ考えられるのは，英語が使えるようになって，いったい何を話すのかってことです。英語が話せると言っても，「こんちは，いい天気ね」くらいのことだったら，黙ってニッコリで十分です。それ以上のコミュニケーションを取ろうとするんだったら，話す内容，自分の考えがないと。そして，そのためには哲学を学ぶといいわけです。うん，哲学をやっている人間にとって都合のいい結論ですが，でも，これは必ずしも冗談じゃありません。実際，小学校で哲学を教える試みも始まっています。

例えば，英語はかなりできるけど自分の考えがない人と，英語はうまくないけど自分の考えがある人がいたとします。英語のネイティブの人は，どっちと話したいと思うでしょう？

私も英語を使った授業をやっていますが，学生さんの中には「自分は英語が苦手で」と言ってくる人がかなり多いです（いや，自慢じゃないですが，私も英語は苦手なんですが)。「英語ができたらなあ」とか「英語が下手で恥ずかしい」と言う人も多い。でも，外国語圏の人たちがよく言うのは，恥じるべきなのは英語が話せないことではなく，そもそも自分の中に話すべきことが何もないことなのです。

そして、そういう話が通じにくい場合にも話を通すにはどうしたらいいかというと、そういう時に必要になるのが**理屈**。というのは、気持ちとか感情とかは文字通り感じられるし、我々はその影響を大きく受けますけど、逆に言えば、我々はそれに縛られて不自由なことも多い（「感情に振り回される」というヤツです）。でも、理屈を軸にすると、そうした感情から自由に考えを進められたりもします。そうなると、考えることがとても楽しくなる。

だから哲学は理屈っぽい。これは当たり前で、必要なことでもあり、また、愉快なことでもあるのです。

この章のまとめ

さて、この章では哲学のやり方について考えました。その具体的な中身はまだですけど、科学と違い、哲学はやり方も決まっていないということが分かりました。でも、何でもいいというわけにはいかない。哲学で答えを見つけたい、きちんと考えたいと思うんだったら、そして、それを人にちゃんと伝えたいと思うんだったら、言葉や理屈が大事になるということが分かった。

そして、ついでにもう一つ分かりました。「哲学なんて必要なのかな?」とか「哲学なんて役立たないんじゃないか?」と思っている人もいるかもしれませんけど、哲学がどんな時に必要になって、どういう風に役立つのか、その手掛かりが少し見つかったわけです（詳しくは1-4章）。

【練習問題3：実験できないこと?】

さて、哲学では実験や観察のできないこと（二〇頁）も考えるのでした。では、早速ですが問題です。実験も観察もできないことって、どんなのがあるでしょう?

パート1

哲学するきっかけ

【このパートの見通し】

そろそろ本題に入って、実際に哲学をやってみましょう。

まずこのパートは、「哲学のやり方」というより、その手前くらいの感じ、哲学する際の心構え的なもの。だから、気楽に読んでください。

具体的に言うと、哲学するきっかけと、そこから一歩踏み出すやり方について。ここで自分なりに問題が見つかったら、その後はどうすればよいか、それがパート2からの話題になります。

やり方の説明だけしても分かりにくいので、ここからは具体的な例を挙げていきます（ただし、大事なのは具体的な例ではなく、そこで使っているやり方の方ですからね）。

【1-1】カラスにつつかれる話——哲学のきっかけと第一歩

どうやって関心を見つけるか

さて、哲学は何を研究してもよかった。でも、そうなると、「科学と違って、なんて自由なんだろう！」と思う人がいる一方で、「自由って言われても何も思いつきません！」とか、「哲学的な問題を見つけるのが難しいです」と言ってくる人も多い。そうかもしれません。何を考えてもいいんだけど、その分だけ、何を考えるかが大事になります。そして、哲学なんて誰かに強制されてやるようなものじゃないので、自分の**関心**のあるものを探せばいいのです。これが何より一番大事です。

ただ、そうは言われても……。そこで、「何かコツのようなものはありますか？」なんて質問も出てきます。コツねえ。そんなのがあれば私も知りたいくらいですけど、「そんなのない！」って突き放すのもなんなので、少し考えてみます。

「まえがき」でも触れましたけど、哲学するきっかけなんて、日常の生活とか、あるいはドラマやアニメを見ていてとか、漫画や小説を読んでとか、もう至るところにあります。だから、まずは「哲学的な問題は難しい」とか「哲学なんて縁遠いこと」とかいう先入見を持たない方がいいですし、「よし、哲学的な問題を考えるぞ！」と思わない方がいいです。何か気になることがあったら考えていくんです。

その結果が哲学になっていたとしたら、その方が自然でしょう?

きっかけはカラスにつつかれるところから

例えばこんな感じ。

私は看護学校でも哲学の講義をやっています。電車を降りて、看護学校のある郊外の駅を出たら、線路沿いに金網のフェンスがあって、いつもではないけど、そこにカラスが何羽か止まっていることがあります。その日も「ああ、いるなあ」と思って見てたんですが、何だかその内の一羽と目が合ったような気がしました。

カラスって賢いらしいですね。目が合った(?)カラスは、「オメーのことなんか知らねえよ」っていう感じですいーっと向こうの方へ飛んでいったのですが、視界から消えたと思った次の瞬間、後頭部にガーンという衝撃が来ました。

最初は何が起こったのか分からなかったのですが、「カラスにクチバシでつつかれた!」と気付きました。「おー、痛てー」と頭を触ってみると、幸いなことに血は出ていなかったけど、でも、もちろんものすごく痛い。カラスのクチバシは硬いんだってことを思いっきり知りました。

思わずカラスがいたフェンスのところを見ると、またさっきと同じようにカラスが何羽か止まって「かあー」とか鳴いています。突撃してきたカラスもその中にいるに違いありません。

もう、すごく腹が立つ。

でも、そこで私は妙なことに気付きました。

自分の関心のポイントを見つける　すごく腹が立ってカラスたちの方を見たわけですが、最初と同じでカラスたちは知らんぷりしています。余計に腹が立つ。ところがです。そこには四羽くらいいるのです。だから、私を攻撃してきたカラスがどいつなのかが分からないのです。

相手はカラスです。カラスですから、みんな黒い。さすがに一羽一羽の区別は付きません。ふむ。つつかれて（っていうか、本当はそんな程度じゃなくて、ゴーンと殴られるくらいの衝撃だったんですが）、最初は「痛い！」だけだったけど、その後はムカムカ腹が立った。ところが、相手の方を見たら、相手がどいつだか分からない。そうなると、腹立ち、怒りはあるんだけど、それ以上にその怒りの行き先がよく分からなくなって、腹が立つというよりモヤモヤ感の方が強くなったのです。

なんだろうこれは!?

そう、ここです、ここ。カラスにつつかれて痛い。腹立つ。それだけだったら哲学になりません。でも、ふと気付くと、単に痛いとか腹が立つというだけではなくて、何か妙なぐあいになっている。これがチャンス。哲学モードが発動するチャンスです。

それを言葉にする　さあ、哲学モードとはいえ、頭の中でコンピュータのようにすぐに計算が始まるというわけにはいきません。まずやらなければならないのは、さっき見つかったポイントを**言葉にする**ことです。

こういう時に急ぐとうまくいきません。人間モヤモヤくらいじゃ死にませんから、ここはゆっくり考えましょう。

気持ちの中にあるのはモヤモヤ。でも、「モヤモヤ、モヤモヤ……」というだけでは話が進みません。何だか分からないから「モヤモヤ」ですもん。腹が立ってたのは確かだけど、それが向かう先がよく分からなくなったから「モヤモヤ」。

だけど、だからこそ**言葉**にして考えたい。

まず、腹が立つ、怒り。こういうのは感情です。つまり、この場合に我々が哲学するテーマになるのは、感情なのです。よしよし。これで第一歩が掴めました。

哲学の仕事、特に最初の仕事は、こうして考えを言葉にすることです。単純です。でも、これがすっごく大事。「別に言葉になんてしなくていいじゃん」と思う人もいるでしょうが、そうなるといつまでも「モヤモヤ」につきまとわれるかもしれません。そこで、まずは言葉にする。そうすれば、少しはっきりします。「モヤモヤ」状態だと掴めなかったものが、言葉にすれば、それで理解できるようになる。逆に言えば、我々は自分の感情とか気持ちとか思いとかも、言葉にしなければ、自分でも理解していないことが多いのです。

そして、言葉にすれば他の人にも理解してもらえる。これも大事。

概念で捉える

ただ、それだけじゃ焦点が絞れません。感情、気持ちと言っても、普段からしょっちゅう感じている、ごく当たり前のものです。それだけでは「哲学」と言うまでもありません。でも、今回はその感情が不発で、向かう先が分からなくなった。ここがポイントだったわけです。その分からなさに名前を付けたい、言葉を与えたい。

哲学ではこういう時に使う言葉を**概念**と言います。単なる言葉と違って、概念は組み立てたり比較したりといった操作ができることがメリット。詳しくはパート2で見ますが、そうすれば、自分なりの哲学的主張も作り出せるのです。

さあ、「訳が分からない」と言っても、それはたぶん、感情の原因とか理由が分からないのだと言えばいいんじゃないでしょうか。あるいは、感情の対象の方がいいかもしれません。「原因」、「理由」、「対象」いずれも抽象的な言葉、つまり概念ですが、このように抽象的な概念を使うと、ものごとを大掴みにすることができます（抽象化の利点は次章を参照）。

その対象が今回はカラスでした。似たようなカラスが何羽もいて、どのカラスが怒りをぶつける相手なのか分からない。これが人間相手だったら、「この細身でメガネのすかした野郎が殴ってきたんだな、よし、怖いから仕返しはできないけど思い切り睨んでやろう」とか、そうなるわけですが、相手がカラスだったから区別がつかなくて、怒りの矛先が見つからない。

哲学ではこういう時に「個体」、「個体性」という概念を使うことがあります。「その人や物がまさにその人、その物であるということ」を指す言葉です。この言葉あるいは概念を使えば、考えが進められるかもしれません。つまり、この場合には、「怒りの対象がどの個体であるか分からない」ということだった。

こうして、感情、その対象、その対象が個体であるという三つが徐々に浮かび上がってきました。

さて、考えを言葉にする、概念で捉えるといっても、単に一つの単語だけではなくて、組み立てていくと、それが一つの文になるかもしれません。そうなると、それはもう、一つの**仮説**になります。

仮説を立てる

実際のところ、科学でも、実験や観察がベースだとは言え、実験や観察だけやってればいいというわけではありません。どういう実験をやってどういう結果になるか、予想しておかないと。そのために必要になるのが仮説です。その仮説が合っているかどうかを見るために、実験や観察を使うわけです。

哲学の場合には、仮説を立てたら、それが成り立つかどうか、その根拠を探します。そして、これは後での話になりますが、仮説を展開していって、もっと考えを進めるということもできます（パート3）。

実際、ここで一つの仮説が思い浮かんだのでした。つまり、「怒りとかの感情と個体性は何かの関係があるんじゃないか」というのです。

ある仮説

うん、すいません、すごくボンヤリしてます。まだまだです。でも、半歩か一歩か、少しは進みました。

まず「感情、気持ち」の方を考えてみましょう。そうすると、全部の感情がそうかどうか分かりませんけど、特に怒りとかの感情って、自分の中で生み出そうと思って生み出せるものではなくて、なんかムクムクと起こってくるじゃないですか。で、それにはきっかけがある。理由も原因もなく怒りだけが起こってくるということはない。

ところが、さっき考えたことを基にすると、どうもその理由や原因には二種類ありそうなのです。一つ目、怒りなんかの場合には、その怒りの原因になったものがあるはずです。そして、その怒りが向かう対象、怒りの矛先がある。その対象が個体だと怒りもスムーズにそこに向かえます。もう一つは、そう、代表的なのは悲しみとかでしょうかね。悲しみの正体がはっきりしている場合もある。だけど、特定の原因があるかどうか分からず、なんとなく悲しいっていうような場合もある。そういう場合でも悲しいのは悲しい。

つまり、感情の原因や対象がはっきりしている場合とそうでない場合があって、特にそれが個体である場合だったら、すごくはっきりする。……

別の仮説

というわけで、私は最初、「怒りとかの感情と個体性は何かの関係がある」という仮説を立てて、この後も少し考えたのですが、まだうまくいってません。何か面白いアイディアがあったら教えてください。

でも、途中でまた別なアイディアが出てきましたね。つまり、「はっきりした感情と漠然とした感情がある」というのです。

例えば、「漠然とした不安」というのがあります。というより、不安ってだいたいは漠然としていて、

「はっきりした不安」はあまりない気がします。それに対して、嫉妬心というのはわりあい激しい。ピンポイントな感じ。驚きにも程度はあるけど、でも、「漠然とした驚き」ってあまり聞きません。驚きは何かに驚くんで、これは怒りと同じ種類かも知れません。

そうなると、「感情は二つの種類に分けられるのかもしれない」。そう、これが新しい仮説です。

もちろん、これにはすぐに反証が挙げられる気もします。例えば、「好き」には、「すごく好き」っていうのと、「なんとなく好き」っていうのがある。それに、悲しみだって、はっきりした悲しみと、漠然とした悲しみがある気もします。だから、悲しみははっきり、切なさはぼんやり、というように必ず二種類に分けられるとは限らない。

でも、感情に二種類あるのではないかという考えは、もう少し発展させられるかもしれません。

この章のまとめ

さて、私のちょっとした思いつきに付き合ってもらいましたが、この章で確認してもらいたいのは、何かのきっかけで自分が関心を持ったら、それについてゆっくり考えて行くやり方です。そして、最初はぼんやりしているかもしれませんが、それを言葉にし、概念にすることが大事。

だから、いつもメモ用紙やスマホに思いついたことを書き留めておくとグーです。その場では考えが進まなくても、後になって見直してみると、新しいことを思いつくかもしれません。慣れてくると、考える作業が頭の中だけでできるようになりますが、それでもはっきりさせるためには書いた方が便利です（私もタブレット端末や無印良品の文庫本手帳をいつもカバンに入れてます）。

そこから仮説を作る。それが成り立つかどうか確認する。違っていたら別な仮説を立てる……。やってみて、失敗したらやり直す。簡単に言えば、哲学というのは、そういう試行錯誤の連続なのです。

ここではユルユルな書き方にしておきますが、ここで大事なのは、要するに……。そう、まずはやっ、て、い、い、みることです。

【1-2】県境マニアの話——抽象化

『マッコの知らない世界』の県境マニア

哲学的な関心を持つきっかけはどこにでもあります。今回はテレビを見ていて考えたことを紹介しましょう。

『マツコの知らない世界』という番組です。非常にマニアックな関心を持っている一般人（中には有名人もいるけど）がゲストとして登場して、マツコ・デラックスさんに自分の関心をアピールするという番組です。見ていると、石井さんという県境マニアの人が出ていました。

石井さんは、ともかく県境が好きで、日本全国の五〇〇箇所以上の県境を訪れているというのです。県境を行ったり来たりすると興奮するらしい。県境の上にあるホテルを訪れて、県境のある部屋に泊まったりすると、嬉しくて一晩中起きているらしいのです。

興奮する人と冷めた人

面白かったのは、わりあい心が広くて、毎回の番組に登場するいろんなマニアックな関心に共感したり、少なくとも理解を示したりしているマツコさんが、県境マニア石井さんの興奮にはあまり共感していなかったことです。非常に入り組んだ県境があることが紹介されると、そこには少し関心を示していましたけど、アリが県境を越えている映像を見て興奮している石井さんを見て、マツコさんはまたドン引いていました。

マツコさんは、「このアリは何も考えてないと思うわよ」と冷静にツッコんでいました。県境なんて言っても、それは人間が勝手に引いた線であって、アリにとっては無いのも同じなんじゃないかと思えるわけでしょう。石井さんにとっては、県境は非常にリアルに感じられるらしいのに、マツコさんの目からすると、県境のあっちとこっちで別に景色が急に変わるわけじゃないし、人間が地図の上で引いた線が設定されているだけなのです。

自分の、他の人の関心を理解する

実は、私がこの話を取り上げようと思ったのは、私もマツコさんと同じで、石井さんの関心がよく分からなかったからです。だけど、石井さんがこれほど興奮するっていうことは、何かあるはず。私はそこを理解したいと思ったのです。

石井さんにしても、自分の感じていることをもっと人に伝えやすくできるんじゃないかと思うんですよねぇ。逆に、マツコさんや私のように感覚的に実感はできない人にとっても、相手の感じていること、考えていることを理解はできるかもしれない。そこまで行ければ、かなりのもの。いやまあ、「オレはそんなもの興味ないね」と言う人もいるだろうし、本当に興味が持てないこともあるだろうけど、少しでも理解できれば、自分の視野を広げられるかもしれません。

さっきの章では私の**関心**を自分で考えられるように、そして、できれば人に理解してもらえるように**言葉にする**ってことをやりました。そこで今度は、他の人の関心を理解できるようにしてみよう、という企画なのです。もちろん、石井さんが県境に関心を持っているのは分かったし、本人が楽しんでいるんだから、それはそれでいいのです。けど、もしそれを理解できたら、石井さんの関心から私自身も哲学するきっかけを掴めるかもしれないからです。でも、そのためには何か工夫が必要らしい。

世界に線を引く
――抽象化

実際、私も、都道府県の境にはそれほど興味は持てなかったんですが、何かの境、境界ということだったら、その意味は少し理解できます。確かに県境は具体的で境界なんていうのは**抽象**的です。抽象的なものは曖昧でよく分からないと言う人もいる。でも、実は具体的なものの方が分かりにくいこともあります。実際、県境という具体的なものだけじゃあ、マツコさんも私も理解できなかった。でも、**抽象化**して、「線を引いて境界を作る」ことに注目する。抽象的だけど、この方が「ふむふむ」かもしれない。

例えば、空を見上げていて、私が「トンビが高いところを飛んでいるね」と言ったとします。すると隣りにいた木島君が「いや、別に高くないじゃん」と言う。そこで私は「でもさ、電線にカラスが止まってるじゃん？　それに比べて、あのトンビはずっと上の高いところを飛んでるよね」と言うと、「うん、そりゃそうだ」と言ってくれます。
つまり、私は電線のカラスのところに境界線を引いて、それの上と下で「高い／低い」を分けていたわけです。一方、木島君はその線に注目していなかったので、別に高いとは思わなかった。でも、お互いに、相手がどこに線を引いているかが分かれば、それで、相手の言っていることが理解できるわけです。

もちろん、空に線なんか描いてありません。それに、電線を基準に選んだのは私の勝手です。でも、そこに線を引いたとすれば、あのトンビは、少なくともそれより高いところを飛んでいるってことは、私だけじゃなくても木島君も認められる。ここでお互いに理解し合えるわけです。

さっきは、「県境なんて人間が勝手に作ったものだからリアルに感じられない人もいるんだろう」と考えました。でも、それは早合点だったかもしれません。確かに勝手に作ったものでも、他の人が認めればそれは確固とした存在になるし、それを基準にしてちゃんと理解できることが出てくるのだから。

関心の中心を見つける

線を引くと、二つに分けられます。さっきので言えば、上と下とか。あるいは、こっち側と向こう側とか、敵と味方とか。そうすると、単なる線だったものが、境界、境目になります。

番組で印象的だったのは、石井さんが「県境をまたいで立つと、体の右半分は岐阜県、左半分は長野県なんで、ドラえもんのどこでもドアを通り抜けているような気がするんです」とか言っていたことです。なるほど！

そう、たぶん石井さんが興奮していたところ、関心の中心はここにあったのです。県境だけだと私もよく分からなかったけど、こうして考えてみると、なるほど、境目、境界の意味なら、少しどころか、もう十分に理解できます。境界とはつまり、世界を区切って、別世界を作り出すものなのです。石井さんのワクワク、興奮は、境界を越えて別世界に行くことによるものだったのです。

このことが分かって、それをもっと広げて考えると、人間がやっていることも、そのほとんどは線を引いて境界を決めることじゃないかとさえ思えてきます。ここまではウチの敷地、その向こうはお隣の敷地、とか、一〇三万円で線を引いて、ここまでは非課税だけど、それ以上は税金取りますよ、とか、六〇点で線を引いて合格不合格とか、ここに線を引いて国境だとか。そして、五八点で不合格になって泣いたり、国境を少し動かすっていうので大騒ぎして戦争して何万人もが殺し合ったりとか。ほう、そうだったのか！

境界の意味

この間（二〇一七年一一月）も韓国と北朝鮮の国境を越えて脱北した人がいました。今回はそれほど大事にはなりませんでしたけど、北朝鮮の国境警備隊の兵士たちが何発も銃撃したりしていた。たぶん、兵士たちの足下では、アリが勝手に国境を越えたりしていたに違いありません。でも、国境も人間が勝手に引いたものだけど、それを越えるだけで命がけのものにもなるのです。国境の向こうはもう別の世界なのです。

もう少し考えを広げると、一年々々の区切りなんていうのも我々が線を引いたものです。これを書いている今日は実は大晦日で、明日はもう新年ですが、これなんかは自然のものなのか、人間が勝手に引いたのか分かりません。おお、午前〇時になりました。私は座ってずっとこの原稿を書いたり直したりしているだけで何の変化もないと言えばそうだけど、新年明けましておめでとうございますなのです。こういう区切りがないと、日々はただ過ぎていくだけです。そこに境界を作って、世界をくっきりさせ、別世界を作っているわけです。

さらに言うと、もうはっきりと人間が作ったのではない境界もあります。例えば「生と死の境目」とか。こうした境目がないと、生者も死者も区別がなくなって、この世もあの世もごっちゃになって、えらいことになります。

ここではこれだけに留めておきますが、実際、「境界」は多くの哲学者が論じている、立派な哲学的なテーマで、もっともっと深く掘り下げることができるものなのです（巻末の**問9**）。

この章のまとめ

今回の出発点は県境でした。県境に関しては、それを実感する人としない人がいる。でも、考えていくと、線を引くとそれを境界にしてものが二つに分けられるということに気付きました。そうした境界はいろんなところに現れてくる。こうなると、県境という具体的ないものだけでは分からなかったことが、かなり理解できるようになります。石井さんの関心は県境に特化していましたけど、その関心の中心は、境界によって別世界が作られる、その境界を越えて別世界に行く、というところにあるのでしょう（そうじゃないですか、石井さん？）。

こうした理解が可能になったのも、具体的なものを**抽象化**して捉えたからこそです。県境だけに拘るのはマニアックで面白いけど、それだけじゃあ話が広がらないし、人にもなかなか理解してもらえないでしょう？

授業では、「話が抽象的です、具体的な例を出してください！」というコメントを多くもらいます。確かに、具体的な方が分かりやすいっていうか、実感できることもある。でも、あまりに具体的で細かくなりすぎると、却って分かりにくくなります。

もちろん、抽象化と言っても、むやみに抽象化すればいいというのではありません。抽象化の要点は、余計なところを取り除いて、我々の関心がどこにあるのか、その中心を取り出すことです（この点は2-1章でもやります）。そうして抽象化して捉えると、実はその方がはるかに理解しやすくなることがあるのです。しかも、抽象化すると、その方がたくさんのものに当てはめられる（2-2章）。だから考えも広げられるのです。

うーん、マツコさんがこれで面白いと思ってくれるか自信はないけど、でも、理解はしてくれるんじゃないかな、と思います。

【練習問題4：自分の関心を抽象化する】

授業で「何か哲学的なテーマとか問題とかないですか？」と言うと、なかなかみんな答えてくれません。そこで、「自分の関心のあるものは？」と言うと、多くの人が答えてくれます。答えてくれるんだけど、例えばこんな感じ（以下、学生さんの名前は、全て仮名です）。

吉田さん：私はお化粧に興味があります。

私：うん、なるほど。でも、私はお化粧はしないし、よく分からない。教えて欲しいのは、お化粧のどこに興味があるのか、どこが面白いのか、吉田さんの関心の中心ね。

吉田さん：えぇっと、白鳳堂のブラシがとてもいいんです、バリエーションあるからかゆいところに手が届くんですよぉ。ベースメークにはイヴ・サンローランのコンシーラーが欠かせないし、それと、ヘレナ・ルビンスタインのマスカラはメヂカラが出るし。それでね、ジル・スチュアートのチークは重ねづけすると簡単にジョウキハダになるんですよ！

私：何かの暗号か?!　具体的すぎてさっぱり分からない！

そこで、問題です。自分の興味あるもの、関心のあるものを挙げて、それのどこが面白いか、どこに興味があるのか、関心のポイントを抽象化してください。興味のない人にも伝わるように。

自分の関心のあるもの

［　　　　］

関心のポイント

［　　　　］

【1-3】哲学に答えはあるか——やり方を考える

「哲学に答えはあるか」問題

1-1、1-2章ではちゃんとした結論までは得られませんでしたけど、きっかけを掴む、関心をはっきりさせるっていうのがテーマだったんで、それでもいいのです。

ただ、このままだと「哲学って答えがあるのか？」という疑問が湧いてくるかもしれません。みなさんが書いてくるコメントで一、二を争うくらい多いヤツ。

実は、これは哲学する心構えのようなものと大きく関係します。だから、ここでこの疑問を取り上げておけば、哲学に関する疑問の解消と、哲学のやり方の準備の一石二鳥になるわけです。

「哲学に答えはない」は間違い

さて哲学に答えはあるでしょうか？　まるで「哲学」の枕詞みたいに「哲学には答えがないので……」って書いてくる人がやたらと多いけど、哲学に答えがないんだとすると、哲学って何をするものなんでしょう？　答えの出ないことをあれこれ考えるだけのものだとしたら、哲学者ってもう変態でしょう？

いや、哲学者がみんな変態っていう可能性もゼロではないですけど、でも、普通に考えると、やっぱり「哲学に答えはない」は間違い。実際、この本でも後の章で答えを出しますし。

「哲学に答えはある」も正しくない

「哲学に答えはない」が間違いだとすれば、「哲学に答えはある」というのが正解ということになりそうです。

はい、ここが大事です。というのは、「哲学に答えはない」は確かに間違いですが、「哲学に答えはある」も正解とは言えないからです。はいはい、もう混乱している人がいるかもしれませんね。でも、別に難しい話ではないのです。みなさんを混乱させようとしてこんな言い方をしているのでもありません。正確に言おうとすれば、そう言うしかないのです。

「だって『ある』か『ない』かのどっちかでしょ?!」と言う人もいるかもしれません。うん、普通はね。でも、実はそうではない場合も多いし、この場合もそうじゃない例なのです。

間違った問い方

「哲学には答えがない」も「哲学には答えがある」もどっちも正しくないのは、そもそも、「哲学には答えがあるか、ないか」という問い方そのものが間違った問い方だからです。そう、意外かそうでないか分かりませんが、問いにも、正しい問いと間違った問いがあるのです。

これ、大事なところなので、よーく覚えておいてください。質問したらいつでも答えが返ってくると思ったら、大間違い。みなさんだって、答えようがない問題ってあるでしょう?

授業でもたくさん質問を貰ったりするのですが、それらの中にも、筋のよい質問と筋の悪い質問、正しい質問と間違った質問があります。

なぜ考えるか

そもそもね、さっきも考えたように、「答えがない」ってことが初めから分かっている問題なんか誰も考えないでしょう? それと同じで、「答えがある」ってことが初めから分かっている問題も考えてもしょうがない。だって、考えなくてももう答えがあるわけだから。

これは哲学でも科学でもそうなのですが、まずは分からないから考えようとするわけです。答えがあるのかないのか、それも最初は分からない。ただ、答えを出そうとするだけです。

【図2】

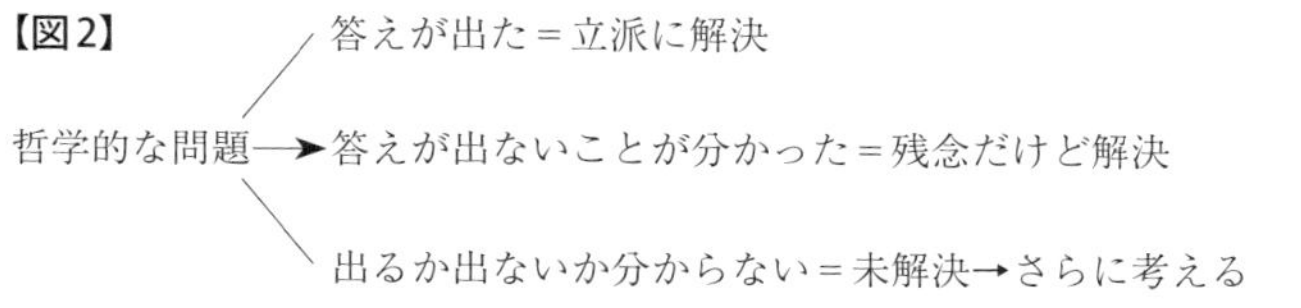

で、考えていく。そうすると、その結果として、「答えがあったってことが分かる」ことがある。でも逆に、「答えがないってことが分かる」かもしれない。あるいは、考えていっても、「まだ答えが見つからない」かもしれない。この点では、「答えがある／ない」って言うより、「答えが出た／出ない」の方が正しい。

結果として問題には三種類ある

　こうして、結果として答えが出た問題と、答えが出ない問題、まだ答えが見つからない問題の三種があることが分かります。答えが出ない問題っていうのは、正確に言うと、「そもそも答えが出ないんだけど、最初はそれが分からなかったから考えていって、そうしたら、結果として答えが出ないことが分かった問題」です。だから、一つ目と二つ目は解決したことになり、三つ目が未解決ということになります（**【図2】**）。

　でも、繰り返しますけど、これら三種は、最初から三つに分かれているわけではなくて、考えていった結果として区別できるようになるわけです。

「哲学に答えはない」という間違いはなぜ生まれるか

　しつこいですが、「答え」っていうのは、もしあるとしても、考えて行って、哲学した結果として出すものであって、先に「答え」があるわけではないからです。

これはごく当たり前のことで、考えてみれば哲学であろうと科学であろうと、人生であろうといっしょです。答えが出る場合もあれば、出ない場合もある。そして、どっちであるかは考えてみないと、やってみないと分からない。

当たり前のことなんだけど、これが分かりにくくなっているとしたら、我々が長く受けている教育のせいかもしれません。我々は小学校以来、問題を与えられて答えるという訓練をずっとされます。だから、問題があれば答えがあるのが当然と思ってしまうんじゃないかと思います。だから、「答えが出るのか出ないのか分からない」問題なんて、「そんなの考えてられない！」とか思っちゃう。あるいは、そんな問題を考えるのは不安になってしまうのです。

でも、本当は、「答えがあることが分かっている問題」の方こそ、考えてもしょうがないんじゃないですか？　もちろん、それは練習にはなります。それに、先生が答え合わせをしてくれたらなお安心。でも、それはあくまで練習だから。ぶっちゃけ、本番だったら、そんな都合のいいことあるわけないでしょう？

「哲学の答えは人によって違う」説、その1

「哲学に答えはない」説と似ているのに、「哲学の答えは人によって違う」説があります。「哲学の答えは人によって違う」んだとすれば、「どう答えたっていい」ってことになるでしょうし、そうすると、結局は「哲学に答えはない」という意見に至ってしまいそう。

でも、これは0-1章で確認しておいた区別で解決できます。「哲学の答えは人によって違う」という見方をする人は、哲学を人生論として理解していることが多いのです。人生論は、それぞれの人自身の経験によって生まれるもので、人はそれぞれ違った経験をしますから、結果、人生論は人によって様々です。だから、哲学を人生論だと思っている人は、「哲学の答えも様々で人によって違う」と考えてしまうわけです。

でも、我々がここで考えているのは、学問としての哲学でした。そうなれば、「人それぞれ」では困るわけです。

「哲学の答えは人によって違う」説、その2

でも、「哲学の答えは人によって違う」という間違った説が出てきてしまうのには、もう一つの背景がありそうです。それは、「科学には答えがある」っていう前提です。

でも実は、これも間違いとまでは言えないけど、ほとんど間違いに近い思い込みです。正確に言うと、「ちゃんと答えが出るようなやり方を考えていったら、科学のようなやり方ができた」ということなのです（一九頁）。そして、答えが出るかどうかがあらかじめ分からない問題は考えないことにしたのです。

では、それに対して哲学はどうかというと、せっかく哲学なんだから、科学のようなやり方では答えが出ない問題も考えたいわけです。で、確かに科学では答えられないとしても、それでも答えを出したいという時にどうするか、そのこと自体を考えるのが哲学だ、ということなのです。

「僕は理系なので……」

理学部とか工学部とかの学生さんの中には、「僕は理系なので」とか書いてくる人がいます。で、「僕は理系なので、哲学のように答えがたくさんあるのが苦手です」って言うのです。

じゃあ、そういう人にはこんな問題はどうでしょう。

問題：リンゴが三つ、ミカンが二つあります。答えは？

まさかみなさん、「答えは5です」とか答えないでしょうね？　ははは、もちろんこれは、いわば引っかけ問題です。「答えは5」と答えた人は、たぶんこう考えたんでしょ？「リンゴが三つ、ミカンが二つ、リンゴかミカンかは無視して、数を考えると、3＋2＝5だから、答えは5」。でも、上の問題にはそんなことは書いてありません。「リンゴが三つ、ミカンが二つあります。答えは？」というだけです。答えが求められてはいるけど、どういう答えかは指定してない。だから、「僕はリンゴは好きだけど、ミカンは嫌いなので、リンゴが三つで嬉しいです」とか答えてもいいわけです。でも、別にそれだけが正解というわけじゃない。

ここから、こういうことが分かります。答えを出す、特に正しい答えを出すためには、答えが定まるように問題を設定しなければならないってことです。小中学校で与えられる問題のように、「答えがある」と思えるような問題も、実際には答えがあるというより、答えが出るように問題を定めてあるのです。

科学の場合も同じです。「科学には答えがある」と思えるのは、科学が答えを出す仕方を一定に定めているからです。それに対して、哲学は、「そんな風に答えの出し方、研究の方法を初めから一定にしたら、他のことが自由に考えられなくなっちゃうじゃん！」と不満を持つのです。だから、そんな定められた仕方に従うのではなく、でも、答えを出したいと思うんだったら、自分で答えの出し方、研究のやり方を定める必要があるわけです。

どうやってもいいからこそ、やり方を考える

というわけなので、哲学はどんなやり方でやってもいい（0-3章）というのは、正確な言い方ではありません。

改めて言うと、まず、哲学も学問である以上は答えを出したい。でも、科学の場合には、決まった問題について決まったやり方をとればいいわけですが、哲学はそうではない。哲学の場合には、どんな問題を考えるかっていうこと自体が自由だったからです。ただ、いったん考えようとする問題が決まったら、そしてその問題が解決できるものであるのなら、それを解決するためのやり方があるはず。では、どんなやり方をしたらいいか。ここが哲学者の腕の見せどころなのです。

科学はもうやり方の基本は用意してある。だから、それを使って問題解決を目指していけばいい（これもかなり大雑把な言い方ですが）。それに対して哲学の方は、この場合にはこの道具、あの場合にはあの道具というように、道具を選ばないといけないし、場合によっては自分たちで道具を作ることもする。だから哲学は、科学に比べると、はるかに自由で、手作り感に溢れているのです。

この章のまとめ

この章では、「哲学に答えなんかない」というのが間違ったイメージだということが分かりました。また、なぜこんなイメージになるか、その理由も分かりましたし、その途中でまた大事なことが分かりました。問題をちゃんと考えて結論を出すためには、そのための方法を考えなければならない。

科学者だって実際は単純なやり方をしているわけではなくて、苦労して研究を進めています。そもそも、そんなに簡単に答えが出るのなら、とっくに科学なんて終わっているはずです。ところが、科学がこれだけ発達しても、科学者にとっては分かったことより分からないことの方が多いのです。

でも、敢えて科学と哲学を対比すれば、科学は自由に考えることを諦めて、安心を選びました。それに対して哲学の場合、自由に考えることを諦めたくない。この自由さ、それが、「哲学には答えなんかない」というイメージを生んでいるのだろうということでした。

【練習問題5：答えようがない問題】

途中で「答えようがない問題があるでしょう?」と書きました（四六頁）。では、具体的には？「いや、そんなの恥ずかしくて答えられない、答えたくない」とかじゃなくて、「そもそもそんなの答えられるはずがない」というような質問を考えてください。

【練習問題6：死んだらどうなるか？】

授業で「自分の関心のあること、知りたいこと、興味のあることを書いてください」と言うと、たくさんの人が書いてくれる問題です。「死んだらどうなるのか？」というのです。なるほど、これは知りたい（かな？）。では、考えてみてください。

【1-4】哲学は役に立つか？——問題の立て方

さて、前の章では、哲学的な問題に答えを出す場合には、答えの出し方を考えなくちゃいけない、ってことを見ました。これをもうちょっと具体的に見てみましょう。

そのためのサンプルとして、これも授業でよくある、っていうか、むちゃくちゃよく出てくる「哲学は役に立つか？」という質問を取り上げます。

哲学は役に立つか？

哲学は役に立つでしょうか？

はい、役に立ちます。もちろんです！　これが答えです。

でも、そんな風に「イエス！」と元気よく答えたとして、「そうか、哲学は役に立つのか、よかった。では、頑張って哲学を学ぶぞ！」ってなりますか？

別な問題に変わる

そう、前章で考えたように、「イエス／ノー」で答える問題でも、答えだけではあまり意味はないのでした。考えて行って、その結論が「イエス／ノー」になるだけなのです。

思い出しましょう。そう、まずは答えを出す方法を考えるのでした。この問題に対して、どうしたら意味のある結論が得られか？

そうですね、そもそも「役立つ」が問題です。つまり、どういう意味で「役立つ」のか、というか、「役立つ」ってどういう意味なのか。それがはっきりして初めて、「イエス／ノー」の答えも意味を持つ。だから、「哲学は役に立つ」とか「役に立たない」とか答える前に、「役立つとはどういうことか」を考えておく。

こうなると、中には、「なんだかまどろっこしいな」と思う人もいるかも。最初の疑問に答えるために別な問題が出てきちゃったわけだから。「哲学って答えがなくてどこまでも考えるもの」っていうイメージがまた湧いてくるかもしれません。でも、「そういう面倒な部分はいいから、早く答えだけ知らせてよ」と思っている人は、もう一度1-3章からやり直し！

「役立つ」は役立たない

さて、考えましょう。「役立つ」とはどういうことか。例えば、「スコップは役立つ？」と聞かれたらどう答えますか？

たぶん、「スコップ？　そりゃ役立つじゃん？」という人が多いんじゃないでしょうか。でも、私は役立たないと思います。えっ？　「それはおかしい」って？　だってね、私は今この原稿をパソコンで書いていて、ここでは別にスコップは要りませんもん。でも、「そりゃ、今はそうかもしれないけど、役立つ時もあるでしょう？」と言う人もいるかもしれません。

うん、そう。役立つ時もある。つまり、「役立つ」というのは、その時によって、状況によって違うわけです。別な言い方をすれば、「役立つ」っていうのは、常に「何かに役立つ」ということなのです。

目的と手段

例えば、「スコップは地面を掘るのに役立つ」。一般化すると、「〜は…に役立つ」。この時の「…」は、いわば「目的」です。そして、「〜」の方は、その目的のための「手段」。

手段は目的のために役立つ。

うん、当たり前と言えば当たり前。「考えるまでもなく、そんなこと分かってた」と言う人もいるかもしれません。でも、こうして言葉にして整理すると、「哲学は役立つか」という最初の質問には含まれていなかったけど、実はそれこそが大事だというものがあぶり出されてきました。そう、目的です。

何かの手段が役立つには、目的がないといけない。そして、目的と手段とでは、目的の方が大事なわけです。手段はあくまでそのための手段であって、つまり、目的に従属するものなのだから。

それなのに、「哲学は役に立ちますか」という質問には、肝心の目的についての視点がなかった。だから、この問題自体が不完全なものだったわけです。前章で見たように、問題にはちゃんとした問題と間違った問題があるのです。

目的が決まれば手段も決まる

さて、手段と目的では目的が先で、目的が決まれば、手段も決まってきます。手段がいくつもある時には、「この目的にはどの手段が合うか」を考えることができます。

例えば、地面に穴を掘りたい。この場合は「地面に穴を掘る」ことが目的です。そのための手段として、手で掘る、スコップで掘る、ショベルカーを使うといったことが考えられます。お花を植える場合だったら小さいスコップを使いましょうか。ここにショベルカーは要らんでしょう。スコップやショベルカーは、「地面に穴を掘る」という目的のための手段になる道具です。そして、この場合にスコップなのかショベルカーなのかを決めるのは、「花を植えるための穴を掘る」という具体的な目的なのです。だから、「～は役立つか」に答えるためには、目的が何なのかをはっきりさせる必要がある。ふむふむ。

哲学は何に役立つか？

「哲学は役立つか」という質問も同じで、ちゃんと質問するとしたら、「哲学は何に役立つか」です。そう、これならまともな質問。

ただ、「哲学は役立ちますか」という悪い質問をしてくる人の気持ちも分からなくないです。たぶん、そういう人は「哲学なんか役立たないに違いない」と思っているんじゃないかと思うんですよ。でも、そうじゃないのです。さっきも言ったように、もちろんのこと哲学は役立ちます。では何に役立つか？

ほらね、聞きたいのは本当はこういうことでしょう？

はい、その答えです。

一つには、ものごとをちゃんと考えて、間違いを減らすのに役立つ。もう一つは、新しいことを考えるのに役立つ。

この本のパート2と3で基本の考え方をやった後、パート4では間違いを減らす方法を、パート5では、新しいことを考えるための方法を学ぶのもそのためです。つまり、この本全体が、「哲学は何に役立つか」に対する答えなのです。

哲学はすごく役に立つ

でも本当を言うと、哲学は役立つ以上のものです。
またおさらいしますが、「役立つもの」っていうのは、何かの目的に役立つ手段でした。それらの手段は目的がなければ役立たない。

例えば、「簿記の知識は役立つ」と言われたら、うなずく人は多いかもしれません。確かに会社の経営に関わっていたら、そりゃあ簿記の知識が役立つでしょう。でも、例えば私は簿記なんか全然知りませんし、私にとって簿記の知識は何の役にも立ちません。スコップだって役立つ時も役立たない時もあったのと同じです。それは、目的が違うからです。簿記の知識は経営者や事務仕事には役立つけど、私のように、それが役立たない人もいる。でも、哲学は経営者にも事務の人にも私にも役立つ。さっきも書いたように、間違いを減らすとか、新しいことを考えるのに役立つんだから。

もちろん、哲学は地面を掘るとか、会社の経営状況を調べるとか、そうしたことに直接的に役立つものではありません。スコップとか簿記とかそういった、特定のものに役立つものと哲学とは違うわけです。でも、逆に言えば、スコップや簿記は特定の目的のため以外に役立たない。それに対して哲学は、特定の場面に縛られないで、どんな場面でもものを考えるのに役立つ。

そういう意味で言えば、哲学はハイパー役に立つのです。

哲学は「役立つ」を超えている

でも、もう一つついでに言えば、哲学はもう「『役立つ』を超えている」と言った方がよいかもしれません。

役立つもの（＝手段）は、何か（＝目的）のために役立つのでした。で、目的が手段を決めるのであって、手段が目的を決めるのではありません。では、どうやって目的を決めるのか。さっき見たように、目的が決まれば「どんな手段を使えばよいか」はほぼ自動的に決まります。ところが、「何が目的か」は、どうやって決めればいいか。

例えば、サラリーマンの仕事なんかの場合だったら、上司の人とかが決めて、「この目標を目指して働け、頑張れ」ということになります。どういう風に働くか、どんな手段を取ればいいか、ここでももちろん工夫は必要ですが、多くの場合、目的が与えられれば手段もかなり決まってくる。

でも、例えば自分の人生の目的なんてのはどうですか？　それは自動的に決まるとか、誰かが与えてくれるというものではありません。だとすれば、自分で考えるしかありません。あるいは、人間は何のために生きるのか。その目的は？

そう、哲学はこうしたことを考えるのに役立つ。というより、さっきも言ったように、これはもう「役立つ」ってのを超えているわけですが。

「役立つ」の限界

時々「学校ではともかく役に立つことだけを教えろ」なんて主張する人もいますが、それは子どもたちに「役に立つ手段になれ」と言っているようなものです。

人間でありながら、手段であるしかない存在。それはつまり奴隷です。だから、この主張は、極端に言えば「お前たちは奴隷になれ」と言っているのと同じです。でも、人を奴隷にしてまでいったい何がしたいのでしょう。それは何の役立つのですか?

別に役立つのがいけないわけではない。私だってスコップを使う時はありますし、私の知らないところで簿記も役立っているのでしょう。それは大事。

ただ、「役立つ」という発想に限界があることは以上のことから分かると思います。世の中には、役立つかどうかで計ることができないものがたくさんあるからです。例えば経済は、我々が生きるための手段にはなります。だからこれはとても大事。でも、経済は我々が生きる目的にはなりません。それに対して、哲学（とか文学とか芸術）は我々の生きる目的を考え出すのに役立ったり、あるいは、生きる目的そのものになったりするのです。

この章のまとめ

まとめておきましょう。この章では「哲学は役立つか」という問題について考えた。

分かったことは、ある問題を解決するためには、遠回りしなければならないことがある、ということでした。例えば、「哲学は役立つか」という問題に答えるには、「役立つとはどういうことか」をはっきりさせなければならなかった。そうなれば、これはもう別な問題になっていると言った方がいいかもしれません。

学校だったら、問題は与えられます。そして、答えももう用意してある。さらには、答えの出し方も教えてもらえる。そう、学校ってめちゃめちゃ親切なのです。もちろん、子どもはそれでも苦労して学んでいくわけですが、学校以外のところでは、本物の問題に出会う。そういう時にこそ哲学なのです。最初は不安でしょう。でも同時に、自由だし何だかワクワクもする。

まずは問題を自分で立てるのでした。なぜか。それは、学校でのように、「問題はこれですよ-」と教えてくれる人はいないからです。「なんか問題がありそうだな」と思う。それに気付いたら（例えば、カラスにつつかれたら）、自分で考えて問題を立てるわけです。

そして、その問題に自分で答えを出す。その際に一番大事なのが、答えの出し方も自分で考えるってことでした（前章）。で、考えていって、必要だったら問題が別な問題に変わるってこともあるということなのです（この章）。

でも、これは単なる遠回りとか、もったいぶってるとかではありません。本当のことを知るためにどうしても必要な手順です。おまけに、本当に答えが得られたら、元々の問題とは別な問題にも解決が得られます。だって今回の場合で言えば、単に「哲学は役立つか」という問題の答えが得られただけではなくて、「役に立つとはどういうことか」という、それ自体が大事な、ひょっとすると元の問題以上に大事なことが分かるようになったわけですから。

一つの問題を解決するためにまた別の問題を考える、となれば、「いつまでも終わんないじゃん！」と思えるかもしれません。でも、この章で見てきたように、その途中でもいろんなことが分かるわけで、それだけでも十分な意味がありますし、得られた答えはいろんなところに応用が利く（2-2章）。

それに、そもそも、哲学は仕事とか学校の勉強とかじゃないんだから、いつまでも終わらなくても、いつ終わってもいいのです。仕事や学校の勉強のようにやらなくちゃいけないことじゃなくて、楽しんでやることだからです。しかもそれだけじゃなくて、いろんなことが分かって結果として役にも立つ。

おお、学ばない理由がないじゃん！

【練習問題7：漫画『イキガミ』の社会はなぜ変か？】

マンガ『イキガミ』では、命の大事さを実感させるために、二〇歳になった人をランダムに死なせるという制度のある社会が描かれます。死の二四時間前に本人に届けられる通告書、それが「逝《イキ》紙《ガミ》」。イキガミが来て死が間近に迫った人間の、人生の最後の輝きがこの漫画の見せ所です。

私は面白く読んだのですが、中には「こんな社会はおかしい！」、「悪い漫画だ！」とマジで怒る人もいるようです。気持ちは分かる。だって、確かにものすごく異常な社会だもん。でも、なぜ変なのでしょう？　この章で出てきたことをヒントに、説明してみてください。

パート2

考える基本
（概念の作り方、使い方）

【このパートの見通し】

さて、前章みたいにして、自分なりの関心が見つかったら、次にはそこからどのように考えを広げていくか、問題を解決するためにはどのようなやり方があるか、です。

ただここで学ぶのは、「哲学のやり方」なんて言っても、専門家が使うような「最新の哲学の方法」といったものではなくて、古くから使われてきた基本的なものです。

まず、このパートでは概念の作り方、使い方を学びます。概念ちゅうのは、考える基本というか、単位みたいなものです。

次のパート3で、概念を組み立てて、一つの主張を展開することを学ぶ。ここまでが基本編です。

【2-1】人生はゲームである?――概念の作り方

仮説も概念から出来ている　何かに関心を持って仮説ができるのでした（1-1章）。でも、問題はその仮説をどうやって確かめるか、です。

仮説は文の形になっています。で、文はもちろん単語からできている。だから、その仮説をはっきりさせるためには、文を単語に分解するといいわけです。

でも、単語といっても、全部の単語じゃなくてもいいので、大事な単語だけに注目します。それが**概念**と呼ばれるもの。いや、別に難しい話じゃなくて、例えば、1-1章では「感情と個体性とは何らかの関係を持つのではないか」という仮説が出てきましたが、「感情」も「個体性」も「関係」も、みんな概念です。1-2章で出てきた「境界」ってのも1-4章で見た「役立つ（有用性）」もそう。

「じゃあ『概念』って『言葉』とか『名詞』ってこと?」と思われるかもしれません。ま、間違いじゃありませんけど、ちょっと違います。「長澤まさみ」とかも言葉で名詞ですけど、こういうのは概念じゃありません。それは固有名詞。つまり、まず一つ目として、概念ってのは、なんか具体的なものを指すものじゃなくて、「個体性」とか「関係」とかといった、抽象的なものなのです。

うん、分かります。これだけじゃ伝わりにくいですよね。また何か例を考えてみましょう。

映画の『ガンツ』を見て

実はこれは、前に書いた『愛とか正義とか』でも使ったネタなのですが、新たに分かったこともあったので許してください。きっかけは『ガンツ』という映画を見たことです。映画が面白かったので、原作漫画も読んでみました。

ざっと言うと、物語はこんなのです。線路に落ちた酔っ払いを助けようとした若者二人は、自分たちが線路から上がれずに電車に轢かれてしまう。と思ったら、気づくとマンションの一室にいます。他にも何人かがいて、部屋には黒い丸い玉。そこに「てめえ達の命は無くなりました。新しい命をどう使おうと私の勝手です。という理屈なわけだす」という、ふざけた表示が出ます。

そしてその玉（ガンツ）は彼らに、「星人《せいじん》」を退治してこいと命じるのです。わけが分かりません。よく分からないまま人々は現場まで転送されて、星人と戦う。また転送されて部屋に帰ると、「かとう0てん」とか、活躍したのに応じて点数がもらえる。そして、一〇〇点たまると、特典が付いてくるというわけです。

人生はゲームのようなものだ？——仮説

あまりにも荒唐無稽というか、ばかばかしいと思う人もいるかもしれませんけど、そこはまあ置いておいて、私が思ったのは、「これってゲームっぽいなあ」ってことです。わけの分からない非現実的な戦いをして、終わると点数が出る。戦いに行く時のユニフォームや持たされる武器なんかもチープな感じで、わざとマンガっぽく描かれています。ガンツの世界はゲーム的な世界なのです。

そうした視点から見ると、最近は「ゲーム的なもの」が大流行。やはりマンガからドラマや映画になった『ライアーゲーム』は文字通り「ゲーム」でしたし、『カイジ』とか『嘘喰い』とかもそう。『バトル・ロワイアル』なんかも、人がバンバン死んだりしてひどい話だけど、基本はゲームです。他にもいっぱい。

我々は「自分たちが現実に生きている世界はゲームなんかじゃない」と思っています。しかし、本当にそうでしょうか。「人生はゲームのようなものだ」と考えてみることだってできるんじゃないでしょうか。そう、つまり、私が『ガンツ』を見て思いついたのは、「人生はゲームである」という仮説だったのです。

まず問題を整理する

でも、このままではまともな意見とも言えません。

だって、誰かが「人生はゲームだ」とか言うと、「いや、そうじゃない」と反対する人が出てきて、あれこれと意見は出るものの、結局は「考え方の違いだね」というところで終わってしまいかねないからです。それじゃあ何にもなりません。もちろん、ちゃんと答えを出したい。「人生はゲームだ」という仮説が正しいかどうかを決定したいわけです。

では、そのためにはどうしたらいいか。はい、ここがポイント。

前の章で、「哲学は役立つか」を考えた時、まずは役立つってどういうことなのかを考えました。それと同じで、「人生はゲームである」が正しいのかを考える前に、そもそもゲームって何かが決まらないと答えも出ないわけです。「人生はゲームだ」と思う人も、そう思わない人もいるかもしれませんけど、要するにそれは、ゲームとは何かのイメージが人によって違っているから、っていうことがものすごく多いのです。

で？　そう、この「ゲームとは何か？」、その中身がつまり**概念**なのです。

「ゲーム」の概念を作る

「ゲーム」と一口に言っても、実に様々。「人生はゲームだ」と言う時に思い浮かべるのも様々あって、それぞれのイメージで考えてしまうから、意見も違ってきてしまう。そこで、こうした具体的なものやイメージを取り除いて、大事なところだけ残してみる。これが1‐2章でもやった、**抽象**、**抽象化**です。

でも、大事な点を取り出すと言っても、どういうのが大事なのか。それは、どんなゲームにも当てはまるものです。

イメージってほんとに困ったものです。「人生はゲームだと思うか？」と聞いてみると、一番多いのが「人生はゲームみたいにリセットできないから、ゲームじゃない」というヤツです。でも、「ゲーム」って言っても、こんな風に言う人がイメージしているのは、コンピュータゲームでしょう？　だけど、ゲームにはそういうのばかりじゃなくて、スポーツとか、みんなでやるボードゲームとかいろいろあります。で、例えば、サッカーのワールドカップの決勝戦を、「いやあ、今回は負けたから、リセットしようっと」なんていうわけにはいかないじゃないですか？　だから、「ゲームとはリセットできるものである」とは言えないわけです。こうした、それぞれの人が持っているイメージを取り除いておかないと、話もまとまらないのです。

そして、どんなゲームにもあるってことは、言い換えると、それがないとゲームってものがそもそも成り立たないくらいに大事なものと考えてもいいです。うん、そうすると案外見えてきます。

それがないとゲームってものがそもそも成り立たないもの、例えば、ルールなんてどうか。確かにスポーツなんかだと、ルールがないと成り立ちません。トランプとかもそう。でも、コンピュータゲームだとちょっと違う。ルールっていうより、操作方法とか。でも、ルールとか規則とか操作方法とかにしても、そのゲームをやる時に、できることとできないこと、してよいことといけないことが決められていなければ、それはもうゲームとは言えない。おお！　だったらこれがゲームの一番大事な点なんじゃないでしょうか？

でも、次に考えなければならないのは、これだけでゲームが成り立つのか、ということです。そうすると、ゲームで大事なのはもう一つあります。

「ええっと、勝ち負け？」　そう、それもそうです。でも、一人でやるゲームなんかだと、勝ち負けというよりハイスコアを上げるとか、ＲＰＧの場合だったら、ステージをクリアするとかもある。だから、勝ち負けというより、目的と言ってもいい場合もあるし、目標？　ともかく、終わりがあります。つまり、「こうなったら終わり」っていうのがないとゲームは成り立たないのです。

他には？　そう、ゲームをする人も必要です。プレーヤー、選手。でも、これは実際にゲームをする時に必要になるんであって、ゲームというものそのものが成り立つかどうかということだけ考えると、プレーヤーはひとまず脇に除けておいてもいいでしょう。

ゲームとは何か。輪郭が徐々に浮かび上がってきました。

正確に定める

一つ目は、「ルールとか操作方法」。でも、この言い方だとちょっとブサイクだし、まだ曖昧なので、もう少し正確にしたい。正確に言うんだったら、さっきも考えたように、「ゲームをやる時に、プレーヤーができることとできないこと、してよいこととといけないことが決められている」ってことです。ちょっと小難しく言うと、「プレーヤーの行為を制約するものが定められている」。

もう一つの条件は、目的とかクリアとか、上がりとかいろんな言い方がありますが、これも要するに、「プレーヤーが目指すべき終わりが定められている」と言ったらいいんじゃないかと思います。

「人生はゲームか」の答え

この二点がゲームの概念の中身です。別な言い方をすれば、この二つの条件を備えたものが「ゲーム」なのです。

こうなったら話は簡単です。「人生はゲームだ」という意見が正しいかどうか判定できて、答えが出せます。

まず、人生は「できることとできないこと、やっていいことといけないこと」が決まっているか？

そう、社会のルール、法律とか道徳とかのようなものが人生にもありますね。だから、条件の一つ目は人生にも当てはまる。

では二つ目、「目指すよう定められている終わり」はあるでしょうか？　いや、そりゃ人生には死っていうのがあって、これが終わりと言えば終わりですけど、みんな死を目指して生きてますか？　うん、違う。つまり、人生には、ゲームの条件の二つ目は当てはまらなさそうです。これはいわば人生の目的とか生きる意味に当たるんだろうと思いますが、人生ではこれが初めから決められているというわけではない（それを自分で決めるのも、哲学の役割でした（五九頁））。

さあ、概念を作ったりして回り道をしたように見えるかもしれませんけど、これでもう自信を持って答えられます。つまり、人生はゲームと共通する点も少しあるけど、やっぱり違うってことです。だって、ゲームを成り立たせる大事なもの、欠けていたらゲームが成り立たない大事な要素の一つが、人生にはないのだから。これが正しい答えなのです。

この章のまとめ

さあ、もうまとめるまでもないと思いますが、この章でやったのは概念を作るってことでした。

仮説とか主張とか問題とか、そういうのも基本は概念から出来ています。概念は、哲学する、考えを組み立てる際の最小の単位のようなものなのです。だから、まずは文を概念に分解する。そして、概念を一つずつはっきりさせる。余計なイメージがあればそれを取り除く。そして、大事なところだけを取り出す。

こうして概念ができれば、仮説や主張の意味がよりはっきりするし、問題だったらそれに答えられる。我々は、「自分が関心を持った何かのきっかけから仮説を作る」というところから始めましたが（1－1章）、それを明確にする、答えを出すという時には、一つは概念を作るという方法が使えるということでした。

【練習問題8：概念の分析】

1－1章で、カラスにつつかれて腹が立った話をしました。これは、概念で捉えると、「こういう原因で感情が起こった」ということだろうと考えました。「原因」も「感情」も概念です。では、「原因」、「感情」の概念を分析してみてください。

「こういう原因で感情が起こった」ということから分かることを、細かいこと、当たり前と思えるようなことまで含めて、できるだけ詳しく書き出してみるわけです。

【2－2】戦争はゲームである――概念の応用

前章では、概念を作ってみました。この章では、作った概念を使う、応用するっていうことを学びます。これができれば、考えがかなり広がります。

代入する

例えば、せっかくゲームの概念を作ったら、これを応用したい。ここで考え方を広げるためのちょっとしたコツがあります。言葉を入れ替えてみるのです。

「人生はゲームである」。この仮説の「人生」のところに、他にもあれこれ入れてみたらいいわけです。数学で言う「代入」みたいなものです。

例えば、イラクで起こった一九九一年の湾岸戦争の時、「戦争がゲームみたいになった」という言い方がされましたが、戦争は本当にゲームだと言えるんでしょうか？　我々はもう、これにも自信を持って答えられます。だって、既にゲームの概念を作って、「ゲームとは何か」が分かっているわけだから、今度はそれを「戦争」に当てはめるだけでいいわけです。

戦争はゲームである？

ゲームが成り立つには、二つの条件が必要でした。一つはプレーヤーのすることを制約するものが設定されていること、もう一つはプレーヤーが目指すべき目的が定められていることです。

さて、戦争。戦争にはプレーヤーに対する制約はあるでしょうか。これしちゃいけないとか、これはできないとか。

学生さんに聞くと、「戦争なんだから、そんなものはない」っていう答えも出てくるんですけど、これはやっぱり定められているでしょう。国際法というのがあって、むちゃなことをすると国際法違反になります。捕虜の取り扱い方なんかも、取り決め（ジュネーブ協定）があって、虐待なんかしちゃいけないことになっています。やれば戦争犯罪。だいたい、戦争をしかけるにしたって、「宣戦布告」っていうのをしないと反則になってしまいます。

では、二つ目の条件は？　そりゃはっきりあるでしょう。だって、戦争なんだから、勝つのが目的です。勝って、自分の国の言い分を相手に認めさせる。

だとすれば、答えが出ました。戦争はゲームです。典型的なゲームなのです。

「戦争はゲームじゃない！」説

っていう授業をやったのですが、ははは、これがもう大ブーイング。「戦争がゲームだなんて、とうていそうは思えません」とか、「先生の言うことは、道徳的におかしいと思います」とか。トホホです。

そうかなあ。だって、ちゃんと概念を作って当てはめたわけですから、正しいと思うけど。

というわけで、その理由を聞いてみました。最初は、「だって、戦争がゲームなんて！」、って言うだけだったのが、しつこく聞くと、ちょっとずつ理由が出てきました。

「だって、戦争は人が死ぬし、ゲームみたいに楽しくない」っていうのです。うん、分かるけど、それは反則です。だってその場合は、「ゲームは楽しいものである」という新しい条件をゲームの概念に勝手に持ち込んで、それを判断基準にしているからです。もちろん、悪気はないんだろうと思います。でも、知らず知らずだけど、やってしまっているのです。これはずるい。

もちろん、「オレにとっては、ゲームは楽しいものじゃないといけないので、みんなはどうか分からないけど、オレ的なゲームの定義には、『楽しい』ってのを絶対入れたいし、そうなったら戦争は楽しくないからゲームじゃない」って言いたかったら、それはそれで一つの主張です。

概念を修正する

こういうのは、いわば概念の修正です。これも概念を使う、応用する時の一つのやり方です。ただし、「楽しい」っていうのは、かなり微妙なところです。だって、戦争は楽しくないと、私だって思いますけど、でも、中には「戦争は楽しい」って言う人だっているわけですよ。そりゃ、「本物の戦争を知らないからだ」と言いたくなるかもしれませんけど、兵器産業の偉い人とか、政治家の中にも戦争をしたがる人もいます。「戦争は楽しい」って思うミリタリー・オタクなんかもいるし、我々も戦争ゲームを楽しんだりする。

繰り返しますけど、私は戦争は嫌いです。戦争ほど嫌いなものはないけど、「戦争は楽しい」という感じを持つ人がいることは否定できないわけです。

だからね、「楽しい」のような曖昧なものは、できるだけ概念の中に持ち込まない方がいい。概念を修正するにしても、もう少し工夫が要りそうです。

誰から見ての戦争か?

でも、「戦争はゲームだと思えない」という意見は根強いんで、授業ではその理由をみんなで考えていきました。

私:佐伯君は、戦争はゲームだと思えないのね? それはなんで?
佐伯君:だって、僕は戦争嫌いだし。
私:でも、戦争ゲームとかするんじゃない?
佐伯君:そうだけど、ゲームでは死なないし。それに、ほんとに戦争が起こったら、イヤでも人を殺して来いとか命令されるじゃないですか?
私:ふむふむ。
佐伯君:先生は、勝って相手の国に言うことを聞かせるのが戦争の目的とか言ってたけど、僕はそんなの興味ないし。
私:でも、そういうことを考える人がいるから戦争が起こるんだよね。
佐伯君:うん、そういう政治家とかかな、権力を持ってる人たち。そういう人たちは自分で戦場に出て戦ったりしないから戦争しても平気なんだと思う。

なるほど。そうなのです、戦争に対しては、実は二種類の違った視点があるのです。一つは戦争に巻き込まれる庶民の視点です。こういう人にとっては、戦争に目的があるなんて言われてもピンと来ません。なのに、戦争が起こったら、戦いたくもないのに相手の国の人と殺し合いをさせられる。ああヤだ。だから戦争の嫌いな人がいるわけです。だから、このタイプの人にとっては戦争は決してゲームだと思えないのです。

一方、戦争を起こす権力を持った人たちがいます。この人たちにとっては、戦争はゲームになります。このタイプの人たちこそ、戦争というゲームのプレーヤーなのです（もちろん、全ての権力者が戦争好きというわけではありません）。

視点をはっきりさせる

こうして見ると、ものをどこから見るかという視点をはっきりさせることがとても大事だということが分かります。

しばしば人々の意見は対立します。こういう時こそ哲学の出番。

対立する原因は、一つには話題にしているものをどう捉えているか（例えば、ゲームならゲームについてどんなイメージを持っているか）の違いですが、より根本的に言うと、その人が暗黙の内に持ってしまっている視点が明らかになっていないことなのです。

そういう隠れた視点というか、根本的な前提というか、そうしたものが、いわゆる「偏見」です。逆に言えば、そういう偏見に捕らわれないようにするためには、自分がどのような視点を持っているかを自覚する必要があります。これは人と議論する時に、決定的に重要なことです。

このことは、この本の中で、形を変えて何度も登場します。ある意味、「自分の哲学を作る」っていうのは、こうした自分の前提を明らかにすることなのです。あるいは、自分が知らない内に持ってしまっている偏見を自覚することだと言ってもいいです。我々は、いろんなことを主張したり、それで人と対立してしまったり喧嘩したりしてますけど、それは、その前提を自覚してないからだし、それどころか、自分で何かを主張したりしているつもりで、自分自身が言っていることの意味を自分でも知らないことすらしばしばあるからです（4-1章参照）。

自分の言っていることを知る。自分を知る。哲学の大きな役割の一つです。

この章のまとめ

さて、前章では概念を作る、この章では概念を使うってことを考えました。作った概念を他のものに応用してみるとか、修正するとか。

こうしたことも、概念が抽象的だからこそできたことです。そういう意味で言えば、抽象的なものの方が扱いやすくて、便利なのです。哲学は確かに、答えの出し方も自分で工夫しなくちゃいけないし、考えるのに時間もかかります。でも、一つ答えが出ると、それでたくさんのいろんな問題が一挙に解決できることがあります。「ゲームとは何か」の答えが出たら、それで、「人生はゲームか」も、「戦争はゲームか」も、その他の「～はゲームだと言えるか」式の無数の問題に答えを出せたのと一緒だからです。

逆に、具体的なものというのは、一見すると分かりやすいように思えますけど弱点もあります。というのは、どこまでも細かい話になってしまうことがありますし（練習問題4（四三頁））、それに、決定的なことは、人によって捉え方が違います。だからこそ、そういう具体的なものを取り除いて、抽象化して、概念を明確にしておくことが、議論をする場合にはとても大事になるのです。

もちろん、そういう具体的なものは、全然大事じゃないというわけではないのです。個人個人にとっては、「自分にとってはこういう細かい、人に理解されないかもしれないところが大事」ということがあってもいいのです。いわばその人なりの拘りですね。

でも、人と議論して、お互いに理解し合って、一致した答えを見つけ出すためには、概念を明確にしておく方がいいわけです。

概念の操作

ここでは、概念の使い方として、他のものへの応用、拡張、そして概念の修正といったことを見ただけでしたけど、他にも、概念を分析する、あるいは概念と概念を比較するとかそれを組み合わせるとか、いろんなことができます。そういうのをまとめて**概念の操作**と言ったりします。その具体例はこの後も見ていきますが、「哲学する」とか「考える」っていう作業のかなりの部分は、こうした概念操作であることが多いです。

概念の分析

例えば、前の章で、「こういう原因で感情が起こった」について、概念を分析するという練習問題8（七一頁）が出てきました。ちょっとだけやってみましょう。

当たり前のことですが、「感情」というのは、「起こる」ものらしい。しかも、何かの「原因」があって起こるってことが分かります。言い換えると、その感情の持ち主、この場合だとカラスにつつかれた私が、自分の意志で「腹を立てる」というものではない。

それに、「原因」の概念は、「結果」という概念と対です。だからこの場合、「カラスにつつかれたこと」が原因で、「腹が立った」が結果だと言えます。

他にも様々挙げられると思います。こんな短い文でも、考えてみると、いろんなことが分かるのです。そうすれば、次にどんなことが考えられるか。こうして考えを広げていけます。

【練習問題9：他にゲームっぽいのは？】

せっかくゲームの概念を作ったので、人生や戦争の他にもゲームに当てはまるものがあるか考えてみましょう。

まずは、「～はゲームであると言えるか」を基本の公式にして、「～」のところにいろんなものを当てはめてみてください。そうねえ、最低二つ。次にはそれらが本当に当てはまるかどうかを判定してみてください。そして、もちろん、その理由も。

〔　　　　　はゲームであるか〕→〔言える　／　言えない〕

〔その理由：　　　　　　　　　　　　　　　　　　　　　　　　〕

〔　　　　　　　　　　はゲームであるか〕→〔言える　／　言えない〕

〔その理由：　　　　　　　　　　　　　　　　　　　　　　　　〕

【練習問題10：哲学はゲームか？】

授業で「～はゲームである」っていうのを考えてくださいという問題（つまり、さっきの練習問題9）を考えてもらったら、「『哲学はゲームである』と言えますか？」って書いてくれた人がいました。なるほど！　さあ、では考えてみてください。

哲学はゲームか→〔そう言える　／　そうは言えない〕

〔その理由：　　　　　　　　　　　　　　　　　　　　　　　　〕

【2-3】『暗殺教室』の殺せんせーにできないこと？——基礎的な概念

後で見るように（5-3章）、哲学者の中には、まるで職人さんみたいに、新しい概念をバンバン作り出す人もいます。でも、こういう名人芸は我々にはなかなか難しい。ではどうするか。基礎的な概念を使えばいいのです。

この章で見たいのは、簡単に言えば、「概念の中には基礎的な概念っていうのがあって、考え方を整理するのに役立つ」ということです。で、考えを整理するに便利なのは、基礎的な概念の中でも、一つのセットになっているものです。例えば、「質と量」とか、「原因と結果」とか「時間と空間」とか「偶然と必然」なんかもそうです。こういうのを**対概念**と言っています。

対概念

それを具体的に見るために、漫画『暗殺教室』を取り上げましょう。

『暗殺教室』について考える

『暗殺教室』（それにしても、もっと他にましなタイトルはなかったのか、って気もするけど）の物語設定は案外複雑なんで、ここでは全部は紹介しません。考えたいポイントだけ見ておきます。

主人公（？）は通称「殺せんせー」（これもひどいネーミング！）です。殺せんせーはモンスターです。タコの宇宙人みたいな格好で、人間の能力をはるかに超えた力を持っていて中学校の先生をしています。

これくらいぶっ飛んだ設定だと、「本当にこんなんで哲学になるのか」と思う人もいるかもしれませんけど、そこは大丈夫。殺せんせーの能力は確かにすごいのですが、実は、いろんな能力を持っているからすごいのではないのです。ポイントは一つに絞れます。圧倒的なスピード、それだけ。殺せんせーが担任をしているクラスの生徒はみんな、殺せんせーをターゲットに暗殺を狙っています（これもまた、ものすごい設定ですが、こんなんで基本ギャグマンガです）。ところが、これがことごとく失敗。だって殺せんせーはとにかくスピードが速いからです。銃撃されてもそのスピードでひゅんひゅんかわしてしまうのです。

殺せんせーにできること

このマンガで面白いのは、このスピードの速さが極限にまで達していることで、実に様々な問題が解決されることとです。

銃弾やナイフをよけるなんていうのは朝飯前で、なんせスピードが速いので、昼休みには中国まで行って本場の飲茶を食べて帰ってきて午後の授業に間に合うとか、そんなこともできます。

それに、実はこのクラス、中学校の中でも落ちこぼれ集団です。だから、試験なんか全然できないのですが、殺せんせーが担任になってから、成績が飛躍的にアップします。なぜなら、試験前に殺せんせーが持ち前のスピードで生徒個人々の間を瞬時に移動しながら、ほとんどつきっきりの個別指導のような補習をしてくれるからなのです。

殺せんせーにできないこと

そうなれば、殺せんせーはほとんど万能に見えます。では、本当に殺せんせーは何でもできるのでしょうか。殺せんせーにできないことがあるとすれば、それは何でしょう？

こういうことを考えようとする時、基本概念が役立ちます。

殺せんせーの問題解決能力は、ほぼスピードの速さによっています。しかし、そもそもスピードというのは、距離÷時間。そして、距離も時間も、両方とも量です。だとすれば、殺せんせーにできないことは、質に関わることだと考えることができます。量と来れば質、質と来れば量で、この「量と質」というのは最も基本的な対概念です。

だから、量で解決できないことを考えるのなら、質的なものを探せばいい。じゃあ、質の問題としか考えられないことって何でしょう？　そう聞くと、多くの人が書いてくるのは、人の幸福とか、人との付き合いとか、友情とか愛とか。なるほど、これらは量の問題ではなくて質の問題のようです。

練習問題5（五二頁）で、「答えようがない質問」の例にはどんなものがあるかを考えてもらいましたが、その代表的なものはこんなのです。「私を何センチ愛している？」。だって、「何センチ」というのは量で、僕の愛は量じゃないもの！

こうして、基礎的な概念を使えば、問題をシンプルに整理できるわけです。

もっとも、『暗殺教室』の世界では、殺せんせーは愛や友情を育んだりとかもできています。ただ、それは殺せんせーが単にスピードが速いだけではなく、モンスターで人間離れした姿なのに、極めて人間的な弱みを持っていたり（例えば殺せんせーは、エッチなものにものすごく弱かったりします）、生徒のことを考える思いやりを持っていたりするからです（でも、モンスターですけど）。

質と量と科学

さて、この章では、基礎概念、特に対概念を使って、問題をシンプルに定式化するっていうことをやっています。そうした対概念でよく使われる代表的なものが質と量。これなんかは、使い方が分かればとても便利。

例えば、科学がここまで発達したのはなぜか。その理由は、質を捨てて量に特化して考えたからです。なぜ科学がそうしたかというと、量なら誰にでも分かりやすくて、しかも計算できるからです。一方、質というのは、一見すると曖昧で、場合によっては人によって変わってくるかもしれない。だから科学は、世界を量として理解することに集中しました。その方が客観的で操作もしやすいからです。でも、逆に言えば、科学は質の問題を扱うのが苦手。

科学や技術が発達して、今までの苦労が省略できるようになった。だから我々の生活は楽に便利になりました。その点で少し幸せに近づけたように見えます。これはいいこと。でも、それだけで我々は十分に幸せになれるかどうか。

お金持ちになりたいか、幸せになりたいか？

例えば、私は授業で時々、「お金持ちになりたいか、幸せになりたいか、どっちかを選ぶとしたら？」と質問してみることがあります。

「直感的でいいから、どっちかに手を挙げてください」って言うと、半々くらいに分かれるのですが、「ちょっと考えて」と言うと、幸せを選ぶ人が多くなる。ま、当然だと思うんですが、でも、お金持ち派も少し残ります。

私：中村さんはお金持ちになりたい？　でも、それは何のため？

中村さん：ええっと、お金があれば、いろいろなものが買えるし。

私：そうね。で、いろんなものが買えると？

中村さん：もちろん、嬉しいし、幸せになれます。あれっ？

そうですよねえ。私ももちろんお金があればいいと思いますよ、ぶっちゃけた話が。でも、お金が欲しいのも、結局は幸せになるため。お金はしょせん手段にすぎません。結局我々が最終的に目指しているもの、目的になるものは、幸せ、幸福なのです。

再び、質と量

私は「お金は大事だ」という意見に反対しているのではないのです。「幸せよりお金が大事」というのが変だというだけです。「幸せなんてあてにならない、幸福なんて漠然としている」という意見も出ます。その通りですけど、だからって「幸福よりお金が大事」は変。さっきも見たように、お金が大事だとしても、それは結局のところ幸福のためでしょう？　でも、それになのに、「幸せよりお金」と思ってしまう人は、さっきも言ったように、実はかなり多い。それはなんででしょう？

こういう人たちに聞くと、「幸せっていっても、自分でもよく分からないし、だったら、お金持ちになりたいと思いました」というのです。正直な意見だと思います。確かにお金はすごくはっきりしています。いくらいくらというのがはっきりしていて、計れて、計算することもできます……。

そう、もう気付いていると思いますが、お金というのは、要するに量です。量は計れるので、比較も簡単です。私が一〇〇万円、内田君が二〇〇万円持っていたら、内田君の方が私より二倍お金持ちです。分かりやすい！

でも、私が「幸せだ」と言って、内田君も「ボクも幸せです。先生より二倍は幸せですね！」と言っても、これは意味がありません。というのは、さっき見たように、幸せというのは、お金＝量とは違って、質的なものなので、計ることも比較することもできないからです。

この章のまとめ

さて、この章では、対概念、その例として「質と量」を取り上げました。

で、前半は『暗殺教室』の場合で考えましたけど、後半「お金か幸せか」で考えました。それでまた一つ考えが進みましたね。

どう進んだか？　こうした対概念はものすごく基礎的なものなので、あらゆるものが質か量かで捉えられる。つまり、こうした基礎的な概念は、たとえ場面が違っても使えるっていうことです。それによって、元々は違っていた問題やテーマが繋がっているということが分かる。そうなれば、シメたものです。そこから考えを広げていくことができるんだから。

前の章でやったように、概念は抽象的なので、応用が利くのでした。それは対概念も同じ。しかも、対概念はもう既に対になってますから、より考えを広げ、整理するのに役立ちます。

この章では、対概念がもう一組登場してました。そう、「目的と手段」。この概念対は、思い返すと、1-4章でも既に出ていました。

整理してみると、まずは「幸せとお金」の関係を「質と量」として捉えましたけど、その途中で、これが同時に「目的と手段」として捉えることもできるということが分かりました。

そして、これも触れたように、科学は量に特化することで発展し、いろんな技術を生み出しました。もちろん、技術というのは手段です。一方、量では捉えられず、決して手段にならないものが幸せでした。そして、1-4章で考えたように、哲学では手段だけじゃなくて、目的についても考える……。

ここから何を引き出すことができるでしょうか？　そう、もう少しちゃんと考えてみなければならないけど、こうして対概念をさらに組み合わせて使うことによって、いろんな繋がりが見えてくると、考えることは断然面白くなります。

【練習問題11：質と量、目的と手段】

さて、この章で見た対概念、「量と質」、「手段と目的」として捉えられる二つの対になるものを、「お金と幸せ」の他にも見つけてみてください。できれば複数。

「質と量」で捉えられるもの：

［　　　と　　　］［　　　と　　　］

「目的と手段」で捉えられるもの：

［　　　と　　　］［　　　と　　　］

【練習問題12：他に対になる概念は？】

「質と量」、「目的と手段」の他に、対になっている概念を見つけてみてください。これもできれば複数。

［　　　と　　　］［　　　と　　　］

パート3

考えの組み立て（推論）

【このパートの見通し】

前のパートでは概念を単位にしましたけど、今度は文が単位です。

「Aについて考えていくと、そこからBが出てきて」というのが、**推理・推論**と呼ばれるものです。「考えを広げる」、「考えを展開する」と言ってもいいです。我々の抱くアイディアには、一見単純そうに見えてかなり複雑な内容を持っているものがあります。うーんと、なんて言うか、巻物みたいなイメージ？　一つに見えていても、それを開くと中にいろんなことが含まれていて、それらが繋がってどんどん表に出てくる、みたいな（3-1章）。

さらにそれを、今度は別なアイディアと繋げる。そうすれば考えはもっと広がって、さらにどんどんいくと、最終的には「世界全体を捉える」なんていうところまで行くかもしれない（3-2章）。ざっとここまでが、哲学の基本のやり方です。

【3−1】人はみんな死ぬ――考えを展開する

仮説から根拠・理由へ（論証）

2−1章で「人生はゲームだと言えるか」問題を考えました。『ガンツ』を見て「人生はゲームである」という仮説を思いついた。そしたら次は、それが正しいかどうかを確かめる。そのために「ゲーム」の概念を作って、結果的に「人生はゲームだとは言えない」となった。これが結論です。やっぱり哲学でも結論というか、答えは出るのです。

重要なのは、この結論が一つの主張として成り立つための**根拠・理由**です。

我々は、「ゲームっていうのはプレーヤーが従うべき制約（ルールなど）と目指すべき目的（ゴール、クリアなど）が設定されているものである」と考えました。そして、「人生には、制約はあるけど、目的は設定されていない」と考えた。つまり、この二つが「人生はゲームだとは言えない」という説を支える理由・根拠になっているわけです。

こうして根拠で支えられたものが、一つの**主張**として認められます。理由・根拠がまだはっきりしていないのが**仮説**。こういう風に、理由・根拠を示して仮説をちゃんとした主張にするのが、いわゆる**論証**です。2−1章では、「概念とは何か」という切り口で入ったので、そういう言葉を使いませんでしたけど、そこでやったのは、実は仮説を論証するということだったのです。

前提から結論・帰結へ（推論）

上の論証をまとめて書くと、こうなります。

「人生はゲームだとは言えない。なぜなら、ゲームとはプレーヤーが従うべき制約と目指すべき目的が設定されているものであるが、人生には、制約はあるけど、目的は設定されていないからである」。

まぁ、「なぜなら」でも「というのは」でもいいですけど。そして、当たり前と言えば当たり前だけど、これを逆に書くこともできます。つまり、こう。

「ゲームとはプレーヤーが従うべき制約と目指すべき目的が設定されているものであるが、人生には、制約はあるけど、目的は設定されていない。だから、人生はゲームだとは言えない」。

これも「したがって」とか「それゆえ」でもいいわけですけど。

さっきは「人生はゲームだとは言える？ 言えない？」という思い付き方をしたので、その理由や根拠になるものを探しました。これが**論証**。でも逆に、「ゲームってこんなものだよなあ」という思い付き方をすることだってあるかもしれない。そうしたら、それを**前提**にして、考えを広げていって、何かの**結論**・**帰結**を出す。こちらがいわゆる**推論**です。この場合は、「ゲームとは～」が前提で、「だから、人生は～」が結論・帰結です。

以上の二つをまとめると、**図3**になります。この二つの方向をぐるぐるする。これが「考える」ってことです。単に「思う」というのと違ってね。

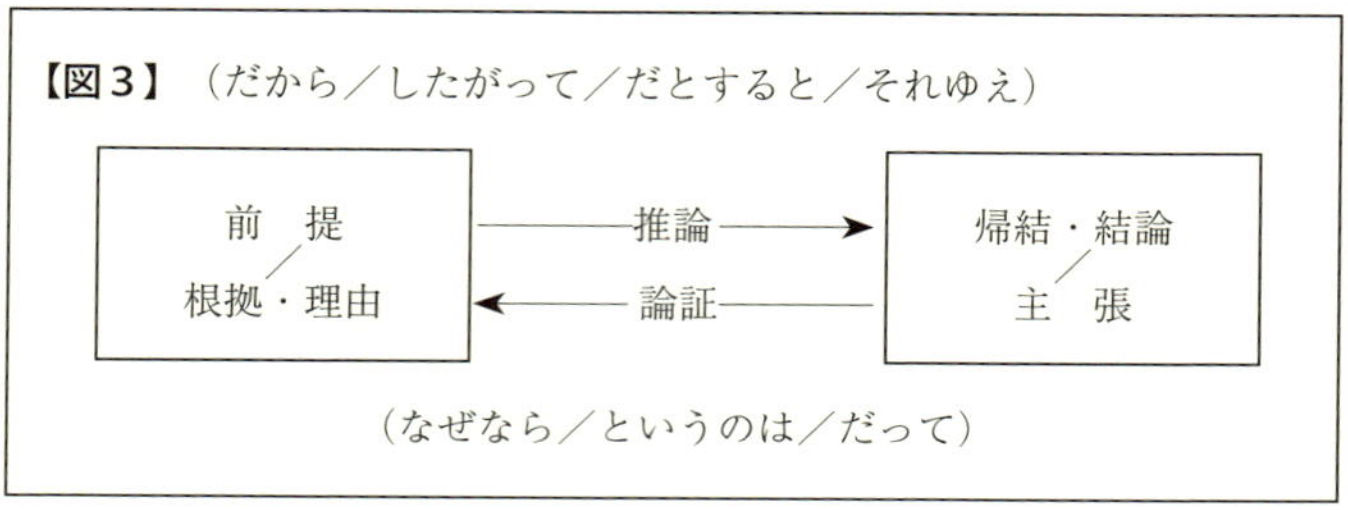

「死んだらどうなるか」再び

また例を見ましょう。練習問題6（五三頁）で触れたように、「死んだらどうなるか」に関心を持つ人は多い。その時には問題だけ出しておいて答えは持ち越しにしましたが、ここで取り上げましょう。

死んだらどうなるか？　そんなこと分かりません、ぶっちゃけた話が。「いっぺん死んでから蘇った」なんていう人がいるなら別ですが、死後の世界のことを我々に知らせてくれる人はいないし、考える手掛かりがそもそもないのです。前に答えが出せる問題と答えが出せない問題を分けましたが（1-3章）、「死んだらどうなるか」は明らかに、答えが出せない問題。どうしてもこの点について知りたいというのなら、後は宗教しかありません（コラム1（九頁）参照）。

科学は実験や観察で確認できる事実を扱います。哲学は科学の限界を超えても進もうとします。事実として観察できなくても、論理で考えていけば、分かることはあるからです（その例はすぐに見ます）。でも、「死んだらどうなるか」という問題は、事実としても論理としても確認できない。何らかの根拠・理由をもとに論証することができないのです。だから科学はもちろん、哲学でも扱うことはできない。

確実な出発点を定める

「死んだらどうなるか」は確かに分かりません。でも、死についてなら考えることができます。では、死について我々はどんなことを知っているでしょうか？

そんな風に聞くと、「死んだら何もなくなると思います」と書いてくる人がいます。でも、これはダメです。だって、さっき見たように、死んだ後のことは確かめようがないし、「死んだら何もなくなる」というのは、全くの空想だとは言わないまでも、想像に留まります。

では、「死ぬのは苦しい」っていうのは？　うーん、どうかなあ。これもダメそうです。老衰なんかで、もう「眠るように死ぬ」ということもあるので、死ぬ時には常に苦しいとは言えないです。

こういう時には、あまり突飛なことを考えないで、確実に言えることを考えたい。そうすると、「人は誰でもいつかは死ぬ」なんてどうでしょう。「当たり前じゃん！」と思った人がいるかもしれませんけど、そう、当たり前です。当たり前っていうくらい確実。これならみんな認められるでしょう？

いつ死ぬかは分からないけど、死ぬことは確実である。古代ローマ時代から伝えられている諺にも、「モルス・ケルタ、ホーラ・インケルタ」というのがあります。モルスは「死」、ケルタは「確実」、ホーラは「時」（この場合は死ぬ時期）、インケルタは「不確実」の意味。だから、「死は確実だが、いつ死ぬかは不確実である」。別に古くから言われていることだから正しいってこともありませんけど、まず間違いないことでしょう。残念。我々はやっぱり死ぬようです。

そして、出発点は平凡でも、ここから考えを展開していったら、何か分かるかもしれません。

人はみんな死ぬ（一応）

さて、「人はみんないつかは死ぬ」からどういうことが導ける（推論できる）でしょう？

死っていうのは、我々の人生の終わりです。だから、「人はみんな死ぬ」というのは、「我々の人生には必ず終わりがある」と言ってもいい。ま、単に言い換えただけですが。「終わりがある」ってことは、エンドレス（無限、果てしない、限りない）じゃないということです。ま、単なる言い換えですけど。

でも、こうした単なる言い換えでも、少しは考えを広げるきっかけになるかもしれません。もう少しこうした言い換えを続けましょう。

人はみんな、いつかは死ぬ。だから、人生には必ず終わりがある。人生はどうしたって有限である。

プラス・アルファを考える

ふむふむ。

何だか少し分かってきたような気もしますが、まだ特に発見があったわけではありません。そこで、我々が生きてどうするか、人生の中で何をするかを考えます。

例えば、私はこういう入門書も書きたいけど、専門的な本も書きたいと思っています。やりかけの研究が四つ、五つとあるのです。でも、前に見たように、哲学の場合、一つの問題を考えていくと別な問題に繋がることがあるので（五五頁）、五つのテーマだと思っていても、それが六つになり七つになるかもしれない。

ところが、人はみないつか死ぬ。いつ死ぬかは分からないけど、死ぬことは確実である。だとすれば、残念ながら、やりたいと思っていることを全てやり遂げることはできない。ああ、悲しい。

これは私の場合ですが、他の人で考えても同じです。つまり、当然ながら、我々が人生の中でやれることには限りがあるわけです。つまり（同じことですが）、我々は生きている間に、やりたいことを全て達成するなんてことはできない、ということになります。

それでどうなる？

さあ、ここからどういう結論が導けるでしょう。

私がすぐに思いつくのは、「人生の中では優先順位を決めなければならない」ということです。

私の場合で考えると、たぶん、今考えている研究の二つくらいは生きている内に完成できると思うのですが（それも楽観的な予想ですけど）、時間があればもっと研究できると思います。でも、無限な時間はない。

だとすれば、限られた時間の中で一番やりたいことから順番に優先順位を付けてやっていくしかありません。

みなさんが大学生くらいなら、まだ先が見えないかもしれませんし、そもそも自分が何をやりたいかも分からないかもしれません。だからまだ実感がないかもしれませんが、こうして考えてみると、前提とした「人はいつかは死ぬ」は全ての人間について言える確実なことだったわけだから、「人生の中では優先順位を決めなければならない」というのも、やっぱり人間全てに当てはまる話です。

この章のまとめ

さて、この章でやったことを振り返っておきましょう。

まずはできるだけ確実性の高い出発点を探しました。「人はみないつか死ぬ」。そして、それをあれこれ言い換えて、出発点に含まれているけど隠れていることを表に引き出そうとしました。「我々の人生には終わり、限りがある」。

次に、「やりたいことがどれくらいできるか」を考えてみました。

そして以上のことから結論を引き出しました。「人生の中では優先順位をきめなければならない」。

最初の出発点がいわゆる**前提**、最後に出てきたのが**結論・帰結**。そして、前提から結論ないし帰結を引き出す作業が、いわゆる**推論**です。

我々がここでやったのは、何かの出発点から考えを広げる、考えを展開するということでした。これは、言い換えると、つまりは、前提から結論・帰結を引き出す推論を組み立てたということなのです。

最後に、推論のいいところを確認しておきましょう。

一つは、科学なんかよりも確実に結論を導けるということです（科学が不確実な理由は、5－1章参照）。ただし、これはもちろん、うまくいった場合のことです。だって、我々はしばしば間違った推論をすることがあるからです。この点も後で取り上げます（4－3、4－4章）。

もう一つの利点、それは、科学がやっているような大規模な実験や観察に頼らなくても済む、ということです。科学は実験や観察でデータを集めるのにものすごいお金がかかりますが、哲学の場合には紙とペンがあればできる。すごい！

【練習問題13：思うと考えるはどう違うか？】

さて、シンプルな問題で、しかも答えるのも簡単。「思う」っていうのと「考える」というのはどう違うでしょう？

【練習問題14：不死の亜人を人体実験に使ってよいか？】

映画にもなったマンガ『亜人』。私は第二巻まで読んで、面白かったんだけど、「うーん、イヤな展開になりそう」と思って、後は読んでません。亜人は、不死なのです。不死という以外は人間と同じですが、化け物扱いされて、捕獲されると人体実験に使われたり。ね、ヤでしょう？　生きたまま指を一本一本切ったり、プレスでつぶしたりとか（うわあ！）。

そこで、「亜人を人体実験に使ってよいか」を考えましょう。まず、「よい」か「いけない」を選んでください。で、どっちの意見にしろ、その理由付けを考えて（論証して）ください。

亜人を人体実験に使って〔　よい　／　いけない　〕

その理由〔　　　　　　　　　　〕

【3-2】全ては決まっている！——世界観を作る

「哲学に答えはあるか?」のファイナルアンサー

哲学者というのは、いわば、基本になる概念を使って、推論（前提からの展開）や論証（仮説の理由・根拠づけ）をしながら、前提・根拠と結論・帰結との間を行ったり来たりできる人のことです。

そうして出来た一つの推論とか論証が、いわば一つのセットです。そして、こうしたセットを積み重ねていくと、複数のセットが出来ます。

そうしたら、次にはこうしたセット同士を組み立てていくわけです。哲学者たちは、そうやって自分の考えを組み立てていって、一つのまとまった考えを生み出しました。これがいわば、哲学の完成形です。**世界観**と言ってもいいです。

さあ、「哲学に答えはあるか」という質問についても、これで本当に最終的な解答が得られました。哲学でも、一つひとつの問題に答えを出すなんていうのは普通にあります。推論とか論証の一セット、つまり一個の主張は、それだけで一つの答えになるわけです。でも、哲学に最終的な答え、「哲学のファイナルアンサー」みたいなのがあるとすれば、それは世界観。

テニスなんかで言うと、概念がゲームみたいなものです。で、ゲームを重ねると、セットが取れます。つまり、哲学的な主張。で、これを組み合わせると、世界観、つまりテニスのマッチが終わるわけです。

でも、世界観の具体例を挙げるというのは難しい。それをやるとしたら、立派な世界観を作った哲学者の考えを紹介するってことになるけど、それはこの本の方針とは違うので。でも、授業でちょっと面白いことがあったので、紹介しておきます。

運命か偶然か

授業で多くの人が「気になる」と書いてくる問題の一つに、「運命はあるか」というのがあります。そこでどっちだと思うか聞いてみたところ、意外にも(?)半々くらいになりました。そこでみんなで考えていったのですが、「運命はある」派の人は「運命は決まっている」(特に「私と彼が出会ったのは運命だったと思います！」とか)と言い、「運命はない」派の人は「そんなのたまたまじゃん！」と言うことが分かりました。

運命の話は運命の話で面白かったのですが、それはまた別な話。ここで取り上げたいのは、この授業の後で山田君が話しに来たことです。

偶然なんかない！

授業で一番嬉しいのは、終わってからも、学生さんたちが授業内容についてあれこれ話し合っていたり、わざわざ質問しに来てくれたりすることです。この時も山田君が話しに来てくれて嬉しかったのですが、その主張はものすごくはっきりしていました。山田君が言うのには、……

山田君：せんせ、オレは偶然なんかないと思う。
私：うん、なんで？
山田君：どんなことにも原因があるやろ？　それやったら、その原因で決まってると思うねん。
私：なるほど。
山田君：そやから、「運命」とか言うてるけど、そんなんと違《ちご》て、でも決まってるねん。
私：ほうほう！

どんなことにも原因はある？

山田君の主張は、「偶然なんかない」です。そして、その根拠になっているのは、「どんなものにも原因がある」ってこと。なるほど、これは立派な主張です。

でも、山田君はこれだけで済まずに、もっとどんどん行きます。我々は普段、何気なく「偶然」とか「それはたまたまだ」とか言っています。でも山田君に言わせると……

山田君：「偶然、たまたま」に見えても、実は原因があるんやから決まってる。それやのに、それが分からへんから「偶然や」とか言うとるだけや。

私：ふんふん。

山田君：そやから、もう全部決まってると思う。そやから、偶然なんかないねん。そや！　もうみんな決まってるんやから、その原因にも原因があるし、原因でこうなって、それがまた原因になって何か起こってんのやから、ええと、偶然なんかないねん。

はいはい。山田君の話をそのまま書き写していると、話があっちに行ったりこっちに行ったり、繰り返しも多いし。それに「〜やから」と「〜やねん」がちょっと多いね。でも、山田君の言うことは一貫しています。なかなか見事です。

山田君の世界観

きっかけは、授業で「運命でみんな決まっている」という意見に対して、「運命だと思っているのは実は偶然だ」という意見が出てきたこと。でも、山田君はどっちも変だと思ったらしいのです。「みんな決まっている」んだけど、それは運命なんていうよく分からないもので決まっているのではなくて、科学が発見するような原因で決まっている、と考えた。で、その原因にも原因があって、それにも原因があって、というように、遡るとそれがずっと続いている。先の方に進んでいっても、原因が結果を生み、その結果がまた原因になって次の結果を生む、というように、ずっと続いている……。

ここまで来れば、これはもう立派な（?）世界観です。これによると、世界は全て原因と結果の連鎖として捉えられるわけです。

世界観を作る

世界観というのは考えを組み立てていって出来るものなので、いわば建物のようなもの。その材料になるのは、大雑把に言って二種類あります。一つは、その建物の骨格になるもの。木造住宅で言えば柱のような骨組み、ビルで言えば鉄骨のようなものです。それともう一つは、壁土とか石膏とか板とか、その他の材料です。

今まで我々が見てきたものの内、例えば「質と量」（2-3章）とかは、骨組みに当たるもので、基礎的な概念と言えます。基礎的な概念というのは、これらをどう組み立てるかによって、世界観のあり方そのものが違ってくるような種類のものです。

それに対して、例えば「感情」とか「個体」とかは、概念ではありますが、世界観全体に関わるとは言えない（もちろん、それらを中心に世界観を作ることも、全く不可能ではないとは思いますが）。

偶然と必然

山田君は「偶然はない。全部決まってる」と主張します。「偶然」の対になる概念は「必然」です。だから、山田君はそういう言葉は使ってなかったけど、実は「全ては必然だ」と主張しているのです。「偶然と必然」も、世界観を作る時の骨組みそのもの、最も基礎的な対概念。これを使うと自分の主張も整理できるわけです。

普通我々は、「今日は神田で、たまたま（偶然に）中村君に出会った」と思ったり、「この事故が起こったのは必然だ」とか言ったりしています。つまり、この世の中には偶然の出来事も必然的な出来事もあると思っているらしい。

でも、山田君の言うように、ちょっと考えてみると、これが怪しくなるのです。

「たまたま中村君に出会ったよ」と言ったのに対して、「そうなの、でもなんで？」って聞かれたら？

「いや、だってたまたま、偶然だから『なんで』なんて理由はないよ」と答えるしかない。

そうですね。二人が約束して出会ったのなら、それは当然、必然ということになるでしょうけど、約束も何もしてないのに出会ったんだから、やっぱりこれは偶然、たまたまだと思える。

でも、山田君は考えました。我々の信用している科学的な考え方によると、全てのことに原因がある。「なぜ二人が神田で出会ったのか」も、分解していくと、全部原因があるはず。だとすれば、全ては原因によって決まっているんだから、この世界に起こる出来事は全て必然。だから、偶然なんかない。偶然と見えているのは、原因がよく分かってないだけだ。

山田君は「偶然はない」ってことを強調してましたが、これは考えるきっかけがそうだったからです。彼の主張は、もっと積極的に言うと、「世界で起こることは全て必然である」という世界観だったのです。一方、我々は普通、「世界には偶然の出来事も起こる」という世界観で生きている。そして、この二つは根本的に違った世界観です。

他の問題との関連

大事なのは、それが世界観である以上、どっちの考え方を取るかは、他のいろんな問題とも関わってくることです。一見すると別に見えるセットを繋げることができてこそ、世界観だからです。

例えば、山田君の説を取るなら、偶然がないだけではなくて、我々の自由もないことになります。普通我々は、「自分で手を挙げようと思えば挙がるし、歩こうとすれば歩けるし、それは自分の自由意志による」と思っているんじゃないかと思います。でも、山田説だと、全部は原因で決定されているのだから、自由意志も何もないことになります。こういう立場を「決定論」と呼びます。そう、山田的世界観は決定論的な世界観だったのです。

一方、「そうじゃない、やっぱり我々には自由意志っていうのがある」と考えるなら（こっちは「自由意志論」と呼びます）、この世の出来事全てが原因によって決定されるという考え方は取れないわけです。でも、そうすると、「全てに原因がある」という科学的な考え方そのものが怪しくなる。それとも、物には原因があるけど、人間の意志にだけ原因はない、と考えるべきでしょうか？

でも、我々の意志だって、脳の働きによって生まれているんじゃないか、とも思えます。だったら、脳は明らかに物質なので、物理法則に従って、一定の原因によって作用しているわけです。とすれば、やっぱり自由意志（つまり、原因のない意志）なんていうのはない？

難しいけど面白い

こうした議論について詳しく論じていったら、それだけで一冊の本になります。

実際、専門的に論じた本も何冊もありますから、ここでは詳しく書きませんけど、それだけに、世界観を作る、ちゃんとした哲学的世界観に仕上げるのは、確かになかなか難しい。山田君の説にしたってまだ完成しているわけじゃなくて、まだまだ考えなきゃいけないところがあります（原因はどこまでも遡れるのか、それとも最初の原因ってのがあるのか、とか）。

いや、別にこれは山田君の考えがダメだというのではないのです。当然ながら、一個々々の問題を考えるより、こうしたまとまった世界観を作る方が難しい。だから、哲学者でもそこまで行けないとか、敢えて行かないっていう人もいますし、それでも十分に哲学になります。

いやね、この世界観っていうヤツは、はっきり言って大風呂敷を広げるというか、大口叩くというか、そういうことにもなります。なんせ世界まるごとを考えるんだから（そのため、こういうのを嫌う哲学者もいるくらいなのです）。

でも、だからと言って諦める必要はありません。むしろ「哲学的な世界観を作れたらすごい！」と言った方がいい。有名な哲学者というのは、そういうすごいことをやった人たちなのです。それに、こうした根本的な問題を考えるというのは、それだけでもワクワクします。

もちろん人によるとは思いますが、実際山田君は、さっきの話を、とても生き生きと嬉しそうに語ってくれました。たぶん山田君はこの時、自分なりの世界観を見つけたのと同時に、そういう世界観に至った自分自身をも見出したのです。

【練習問題15：世界観を身近に】

「なんか世界観て、根本的かなんか知らんけど、縁遠い話で、ピンと来ない」と思う人もいるかもしれません。でも、世界観は世界観だけに、世界の全て、他のいろんな問題とリンクしてました。世界観全体は縁遠く見えても、それが身近な問題にまで波及するのです。

例えば、山田的世界観（決定論）を取るなら、人が親切にしてくれても感謝するのは意味がないことになりそうです。同様に、犯罪者を罰するのも意味がない。

さあ、それはなぜか、この章を参考にして考えてみてください。

パート4

間違いを防ぐ

【このパートの見通し】

さて、以上で基礎編が終わったので、今までの全体のまとめです。

ここで学んでいるのは哲学のやり方で、やり方は様々。でも、どんな哲学者でも、その出発点は自分なりの関心です（1-1章）。自分の興味のないことについて考える哲学者なんていません。で、その興味、関心、問題を考えるのにふさわしいやり方を考えていく（1-3章）。そうすると、問題自体が変化するってこともあった（1-4章）。だから、確かに哲学のやり方は哲学者や問題によって様々と言えば様々ですが、出発点から最終的には世界観を作るところまでをここで見たのに合わせてまとめると、ざっと次ページの表のようなものになります。

もちろん、ステップ1からステップ5まで、この順番通りに考えが進むわけじゃなくて、あっちこっち行ったり来たり、ぐるぐるしながら考えをまとめていくわけです。

でも、「考えを広げる」、「まとまった考えを作る」と言っても、場合によっては怪しいところ、不

ステップ1	関心	自分の関心のあることを探す	1-1章
ステップ2	疑問，仮説 抽象化	関心からあれこれ思い付く 関心のポイントを取り出す	1-1章 1-2章
ステップ3	概念化 概念の操作	概念を作って応用（概念の修正，結合，分析，対比など）する	2-1章 2-2～3章
ステップ4	推論，論証	前提から結論を導く，仮説から遡って理由や根拠を求める	3-1章
ステップ5	世界観	個々の主張や概念を組み立てて，考えを広げ，まとまった考えを作る	3-2章

確実なところも出てきます。そういうところで間違いに陥るのを防がないといけません。それがこのパートのテーマ。

だからここは、全体に守備的で、ネガティブですが、とても大事。というのは、「よし、これは間違いなくこうだ、オレは確信を得たぞ！」っていうところこそが一番間違いやすい要注意箇所だからです。「哲学」って言うと、自分の確信とか信念とかをイメージする人が多いかもしれないけど、極端に言えば、それは却って哲学の敵です。それくらいなら、「人間は間違いやすいもの」って思っとく方が害は少ない。で、間違いやすいからこそ大事になってくるのが、間違いを減らすということなのです。

さらに言うと、こうした間違いやすいポイントを知っておくと、他の人の意見を検討する際にも大きな武器になります。

【4-1】正義は人によって違う?——一貫性、無矛盾性

『デスノート』から考える

さて、哲学するきっかけはどんなところにも転がっているのでした。例えば、日常生活とか、アニメやマンガにも。そこで前に、『デスノート』を素材として取り上げたことがあります。

主人公は夜神月《やがみらいと》という高校生。全国模試で一位を取るくらいに優秀な子で、お父さんは警察の偉い人、本人もとても正義感が強い。しかもハンサムでスポーツもできる。主人公らしい主人公です。

そんな彼の運命を変えたのが一冊のノートでした。これは死神の持つノートで、そこに名前を書くと、書かれた人は死ぬというものです。死神が、退屈のあまりそれを人間界に落としてみる。それを拾ったのが夜神君だったのです。

これを手に入れた夜神君がやったのは、世の中の犯罪者、特にまだ捕まっていないとか罰せられていないとかの犯罪者たちを抹殺することでした。インターネットを使ったり、お父さんのパソコンを通じて警察をハッキングしたりして情報を集めて、犯罪者たちを次々に殺していきます……。

哲学者はどこを面白がるか?

映画版を見て面白かったので、原作も読んでみたのですが、哲学的にも興味を引かれた点がありました。

「夜神君がやった、犯罪者を次々にデスノートで殺していくというのは本当に正義なのか」ということです。インターネットなんかでも、『デスノート』をめぐって多くの人が議論しているのもこの点でした。でも我々はこれに答える方法を知っていますね。そう、「役立つ」や「ゲーム」について考えた時と同じで、問題は「正義」の概念です。これをはっきりさせれば、答えも出るはずです。

もう一つ、「名前を書いただけで人が死んだったら、同姓同名の人がいたらみんな死ぬのか」という疑問も浮かびました。もちろん、作者の人もそれは気付いていて、顔を知っていなければならないというルールが付け加えてあります。でも、それは『デスノート』の世界での話。哲学モードで現実的に考えると、名前だけでも顔だけでも頼りない。だったら、特定の人を確実に示すにはどうしたらいいか、という問題が生じます。

いずれの問題も以前から哲学の話題になっています（既に解決されています）。『デスノート』なんかフィクションじゃん、と思う人もいるかもしれませんが、そういうところからでも、十分に哲学の問題を引き出せるわけです。

「正義なんてない」説

でも、これらについては前の本『愛とか正義とか』でも取り上げたので、ここではとはちょっと違った取り上げ方をします（興味のある人は、『愛とか正義とか』を読んでくださると、私が喜びます）。

というのは、「夜神君が正義か」以前に、「そもそも正義なんてない」という意見が多くの人から出てきてしまったのです。もしこの意見が正しいなら、「夜神君が正義か」どころの話じゃありません。そこでここでは、こっちの問題を考えておきましょう。

さて、「正義なんてない」も一つの主張です。ここで大事なのは？　そう、その主張の根拠・前提となる理由でした。では、この主張にはどういう理由が挙げられるでしょう？　聞いてみると、かなり多くの人が挙げるのが、「正義なんて人によってそれぞれで違うから」というものだったのです。つまり、「正義なんて人によって違う。だから、本当の正義なんてない」と推論しているわけです。でも、この場合は、その前提そのものが怪しいのです。

「正義は人によって違う」論者の野村君との対話

そこで、「正義は人によって違う」説を書いてきた、元気ものの野村君に聞いてみましょう。

私：はい、野村君、例えば、試験の時に、野村君だけハンディを付けるということにしたらどう？　そうね、他の人のは普通に採点するけど、野村君の答案は、何が書いてあっても三〇点にして不合格とか。

野村君：いや、それダメっしょ。

私：なんで？　「僕にとっては野村君を不合格にするのが正義だ」って言ったら？

野村君：いやいやいやいや。だって、オレがちゃんと点数取れてたらどうすんのよ。それでも不合格？

私：うん！
野村君：それはダメっしょ。
私：なんで？
野村君：だって。その場合だったら不合格になる理由がないでしょ？
私：でも、野村君の言うように「正義なんて人によって違う」んだったら、「僕にとってはそれが正義だ」というので理由にならない？
野村君：うーん。だって、オレだけそういう扱いするなんて、それじゃあ不公平でずるいじゃん。
私：うん、僕もそう思う。不公平で正しくない。もし実際にそういうことをして、それが学校にばれたら問題になるよね。
野村君：そうっしょ！
私：他の人は正当に採点して、一人だけ特別に不利に扱うっていうのは、野村君も言うように、「不公平でずるい」。だからそれは「正しくない、不正だ」ってことになる。
野村君：うん。
私：じゃあ、野村君の答案はちゃんと採点するけど、山口君はどういう点を取っても不合格にする。それはいい？
野村君：いや、それもちょっと。

私：だよねー。つまり、一人だけを特別扱いするのは正しくない、不正だっていうことになる。

野村君：そうね。

私：それは、野村君だけじゃなくて、山口君でも同じだし、山本君でも桜井さんでも同じだと。

野村君：うん。

私：ということは、「正義は人によって違う」は間違ってるということでいい？

野村君：うん。……あれっ？

矛盾したことを言うことの意味

さて、野村君も最後に気付いたようです。野村君は最初、「正義は人によって違う」と主張していたわけですが、最後になって「『正義は人によって違う』というのは間違いだ」と認めることになりました。これでは野村君の主張は一貫していません。矛盾しているわけです。

そう、哲学に限りませんけど、何かを主張する際に最も基本的なことは、主張は一貫していないといけないということです。逆に言えば、自分の主張することに矛盾があってはならないということ。

なぜ矛盾しているとダメか。もう上の例で分かると思いますが、一応確認しておきます。野村君の（最初の）主張は「正義は人によって違う」です。でも、試験の採点の例を出されると、「『正義は人によって違う』は間違いだ」と主張します。では、野村君の主張はどっちなんでしょう？ どっちが言いたいのか分かりません。つまり、野村君は、矛盾する二つのことを主張しているので、実際には何も主張していないのと同じです。矛盾したことを主張すると、どっちが本当だか分からなくなって、言っていることの意味がなくなるのです。

そうなれば、野村君が何かを主張しているつもりでいても、誰もそれを信用してくれません。だって、それと反対のことも同時に主張しているわけだから、どっちを信用したらいいか分からなくなるからです。

間違った主張をしてしまう理由？

「矛盾した主張をしたらいけない」なんて当たり前のことと言えば当たり前のこと。ただね、当たり前のことなんだけど、案外こういうのを我々はやっちゃうんですよね。

そうした間違いの理由というか原因はたくさんあると思いますけど、その内の重要なものを見ておきましょう。

簡単に言うと、「正義はそれぞれに違っている」と主張した時の野村君は、正義というものをあまり自分には関係ないものと思っていたんじゃないかと思うんですよ。確かに、「正義」っていう言葉は知っているし、この言葉の使い方というか意味も（なんとなくは）分かっているつもりだけど、日常にはあまり使わないですね。アニメとかマンガとかドラマとかだったら「正義」なんて言葉もよく出てくるけど、でも、友達や家族と会話している時に「正義」なんて言うことはほとんどない気がします。だから、

コラム4：背理法

この章で見たのは「矛盾を含む主張は成り立たない（っていうか、意味がない）」ということでした。野村君には申し訳なかったけど、野村君自身に、自分が矛盾しているってことを自白させてみたりして。これが、数学なんかでもよく使われる、いわゆる**背理法**です。

例えば、何かの仮説があるとすると、それが成り立つことを示したい。そのために、その仮説の根拠となるものを見つける。これが前に出てきた**論証**ですね（3-1章）。でも、逆に、その仮説は成り立たないことを示すっていう方法もあります。そう、その仮説から何かの結論を引き出して、その結論が間違いだとか、そもそも結論が仮説と矛盾するとかと言えればいいわけです。これが背理法（帰謬法とも言います）。

今回で言えば、「正義は人によって違う」を仮説として、そこから、「もしこの仮説が本当なら、試験の時に自分だけ損をするとか、そういうのも認めなくちゃいけない」という結論を引き出す。こういう結論は困るし、間違いだとすると、この結論の元になった仮説「正義は人によって違う」がそもそも間違っていたことが分かる、というわけです。

、正義っていっても実感がないし、遠い話に思える。だから気楽に「正義なんて人によって違う」って言っちゃう。

一方、野村君が「自分だけが不利益を被るのは不公平だ」と主張するようになったのは、「正義」というものを、自分も合格になったり不合格になったりする試験の場合で考えたからです。単純化して言えば、こっちの主張は自分の視点からのものなのです。

つまり、ある主張をする時と別な主張をする時、野村君の視点は変化している、ところがそれに自分では気付いていない、ということなのです。だから、矛盾したことを言わないようにするためには、自分がどの視点から考えているかを明確にすることがとても大事になります。

「Aだ」と言っておいて、自分にとって都合が悪くなると、それと矛盾するBを主張する。別に野村君に限りません。我々はこういうことをしょっちゅうやります。普段の生活ではそこまで突き詰めて考えないので、少々矛盾があっても、部分々々でおよそつじつまが合っていればオッケーで済ましてしまうのです。

自分に正直になる

でも、よくやるからと言ってオッケーというわけにいきません。だって、ここでやっているのは学問としての哲学だからです。そうした矛盾したことを言っても意味不明なことを言うことにしかならないからです。だから、矛盾をできるだけ取り除いて、主張を一貫させようとする。

でも、適当に考えて済ませている普段の生活のあり方からすると、これはかなりハードルの高い要求です。だから、「そんな難しいこと無理に決まってるじゃん、答えなんかないに決まってる！」と決め付けてしまう……。っていうことなんじゃないかなあ、と思うんですけど、どうでしょう。

私も日常生活では一貫してないことは多いだろうなと自分でも思います。でも、それはあまり自分の拘りがないことに関してです。関心があって、「ここはどうしても本当のことが知りたい！」と思ったら、矛盾したことを言えない。だって、それだったら、自分を誤魔化してしまうことになるからです。そういう意味で哲学は、自分に正直になる方法なのです。

【練習問題16：次の問いに答えていくと？】

A　次の問いに、「はい」か「いいえ」、どちらかに○を付けて答えてください。

(1)　宇宙は無限である。……〔　はい　／　いいえ　〕
(2)　精神と身体は全然違う。……〔　はい　／　いいえ　〕
(3)　二一世紀は二〇〇一年に始まった。……〔　はい　／　いいえ　〕
(4)　日本は核武装した方がよい。……〔　はい　／　いいえ〕
(5)　心の働きを生み出しているのは脳である。……〔　はい　／　いいえ　〕
(6)　『となりのトトロ』は不朽の名作である。……〔　はい　／　いいえ　〕

B　上のAで自分が答えたのに矛盾がないかどうか判定してみましょう。

〔

〕

【練習問題17：昼と夜】

「今は昼である」と「今は夜だ」は対立しています。この二つの文が両立することはあるでしょうか？　ヒントです。この章でやった「視点の変化」を踏まえて考えてみましょう。

【4-2】愛の反対は憎しみではなく！――名言の罠

名言の罠

授業で学生さんは、ほんとにいろんなことを書いてくれます。その中には、自分で考えたこともあれば、「よく……と言いますが」というのもあります。「名言」とか、そういうヤツです。

正直に言って、私はこの類いがちょっと苦手です。自分ではそういう気の利いたこと、かっこいいことを言えないから僻《ひが》んでいるのかもしれませんけど、それだけじゃなくて。

たぶん、そういう名言って、「なるほど」と思わせるところを持っているから名言に見えるんだろうと思います。そこがイヤなんです。ひねくれているかもしれないけど（ふふ）。

例えば、正義の話題が出ると多くなるコメントの一つが、「『正義の反対は悪ではなく、もう一つ別の正義だ』という言葉があって、僕もそう思います」というヤツです。

「なるほど」と思うのは、それ自体は悪くはないでしょうけど、そこから先に進まないのが、ちょっと面白くない。むしろ、「なるほど」で考えるのをやめてしまうようなものだったら、名言は哲学の敵にしかなりません。それをヒントにして考えが進められるのだったら、そういうのももちろんアリだと思いますが。

そこでここでは、そうした名言を少し掘り下げて考えてみましょう。いわゆる名言を「答え」として受け取るのではなくて、一つの問題提起、考えるきっかけと受け取るのです。そうしてこそ名言も活きてきます。

愛の反対は憎しみではなく、無関心である！

「正義の反対は悪ではなく」でもいいんですけど、前の章でも「正義」が出てきたし、正義の話題ばかり続くのもなんなので、別のを考えましょう。

私の前の本は『愛とか正義とか』というタイトルでした。自分では結構気に入っていたのですが、受講生の人から、「本屋さんで『愛とか正義とかどこにありますか？』とは聞けない！」とか言われました。「なるほど、そりゃ恥ずかしくて聞けないな」と思って反省したのですが、このタイトルにしたのにはそれなりの理由はありました。愛とか正義とかって、なんとなく分かっているような気がするけど、よく考えるとすごくぼーっとした言葉で、哲学的に考えるのにいいかなと思ったのと、この二つは両方とも人間の問題で、しかも、人間の関係に関わるものだからです。

というわけで、授業では愛についても取り上げたりするわけです。そうするとみなさんからよく出てくるのが、「愛の反対は憎しみではなく、無関心である」というヤツです。

これが「名言」に見える理由

この「名言」がかなりよくできているのは確かです。その秘密の一つは、「〜ではなく」にあります。つまり、「みんなは『愛の反対は憎しみ』と思っているかもしれないけど、実はそうじゃないんだよ」という否定を最初にガツンとかましてあるのです。だから、「愛の反対は憎しみ」と思っている我々は「えっ、そうなの？」とショックを受けて混乱する。そこに「愛の反対はね、無関心なんだ」と言われる。そうすると、「おお！」と思って、こっちが正しいように見えてしまうわけです。たぶんショックを受けたから、今度は安心したいのです（ショックを与えた後に安心させる。これはお笑いのセオリーでもありますし、私も授業で使います。詐欺師の基本技術にもなります）。

でも、安心したらそこでもう哲学はオシマイ。

前に「哲学には答えがない」というのは偏見だというのを確認しました（1-3章）。でも、「哲学には答えがないいんじゃないか？」と思わせるようなところがあるのも確かです。我々はやはり早く答えを得て安心したいと思っているのに、哲学は、「いや、そうじゃないだろう！」とツッコミをかます。しかも、そこからどこへ連れて行かれるか分からない。

というわけで、「哲学者は初めから答えなんか出す気がないいんじゃないか」と思えるのでしょう。もちろんその気はあります。でも哲学者は、中途半端な「そんな感じ」とか「へえ、なるほど」という安直な安心を与えられても満足しないだけなのです。だって、そんなの面白くないもの。

もちろん哲学者だって、納得したり満足したりしないわけではありません。でもそれは、「これが正しいんだよ」として与えられるのではなくて、自分でそれを確かめた時なのです。

愛の反対は憎しみではなく？

二つに分けて考えましょう。「愛の反対は憎しみではない」という前半と、「愛の反対は無関心である」という後半です。

まずは前半。ふーむ。まぁ、普通に考えると、愛の反対は憎しみでしょうねぇ。

実を言うと、「正義の反対は悪ではなく……」という言葉の場合、これをコメントに書いてくる人はたいてい「僕もそう思います」と書いてくるのですが、「愛の反対は憎しみではなく……」の場合、「そんな風に言われることもありますが、どうなんでしょう?」と書いてくる人がかなりいます。

でも、ここに疑問を持った人も、後半の「愛の反対は無関心である」という力強い言葉に押し流されてしまうらしいのです。そこで今度は、後半を考えてみましょう。

愛の反対は無関心である？

さあ、ここは難しい。なるほど、愛というのは、誰かに関心を持つことだろうし、だから、「愛の反対は無関心である」と言われると、「なるほど、そうかも」と思えますね。

でもね、確かにちょっとした「なるほど」感はありますけど、「無関心」ねぇ？　ちょっと変じゃないですか。だって、無関心の反対は？　それはもう関心でしょう。無関心と関心、関心と無関心が反対で、一つの組になるわけです。

だから、「愛の反対は無関心である」というのは、まだ完全な判定はできませんけど、少なくともそのままには受け取れない、ということが分かります。

愛の反対は普通に考えると憎しみでしょうし、無関心の反対は関心で間違いない。

愛も関心である

つまり、さっきの簡単な考察だけでも、「愛↕憎しみ」と「無関心↕関心」という二つの反対語があることが分かったわけです。では、この二組の関係はどうなっているのでしょう。

さっきも少し触れましたが、愛も誰かに関心を持つことだとは言えるでしょう。つまり、愛も一種の関心なのです。では愛の反対である憎しみはどうか。これも一種の関心だと言えるかもしれません。関心がなければ気にしなくていいはずだけど、気になるから憎しみも起こる。つまり、愛と憎しみは反対だけど、大きな括りで見れば、実は両方とも関心の一種であることが分かります。

もちろん、愛と憎しみは反対なので、同じ関心だとは言っても、方向が逆です。愛は相手に対して好意的な、あるいは肯定的な関心を持つことでしょう。逆に、憎しみは相手に対して否定的な関心を持つことだと言えそうです。うん、なかなかいいですね！

改めて言うと、大きな括りでは「無関心↕関心」という対があります。そして、その内の「関心」に二種類ある。つまり愛と憎しみ。で、これがまた対になっていて、お互いに対立している。

図で表すと、次のようになるでしょう（**【図4】**）。

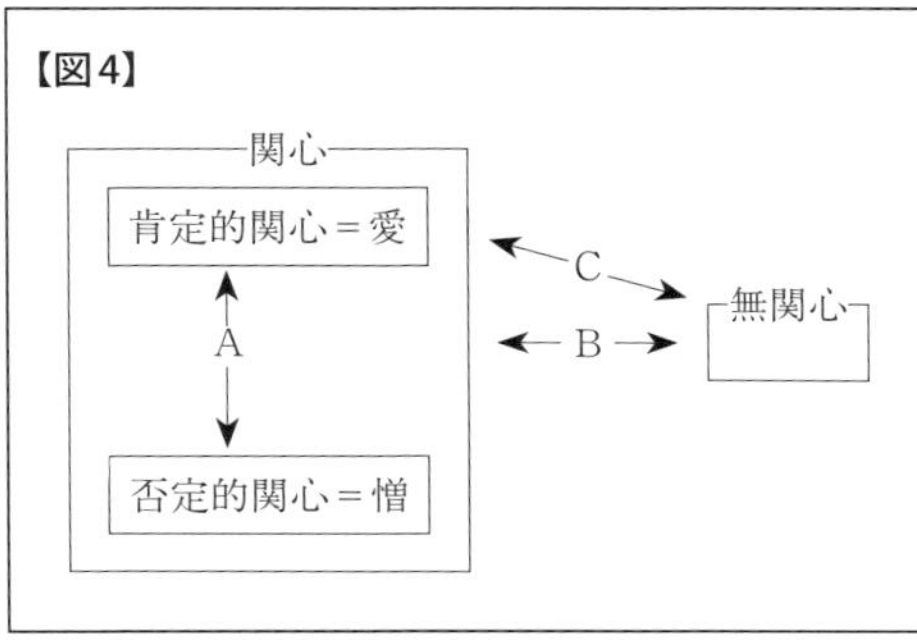

「愛の反対は……」を判定する

さて、これでだいたい分かりました。もう「愛の反対は憎しみではなく無関心である」が正しいのかどうか判定することができます。

前半部分の「愛の反対は憎しみではない」は明らかに間違いです。後半の「愛の反対は無関心である」は、正反対なのではなく、いわば、斜めにずれた形での反対だということが分かりました。だから、この後半部分は、完全な間違いだとは言い切れないけど、やっぱり正しくはない。**図4**で描いたように正しい反対Aを否定して、同じく正しい反対Bを無視して、ズレた反対Cだけを主張しているんだから、そりゃズレた意見になるはずです。

「愛の反対は……」を訂正する

そして、よく言われるこの「名言」を判定できるばかりじゃなくて、今や、これをもっと正しく言い直すことができます。こう言えばいいわけです。つまり、「愛の反対は憎しみである（A）。しかし、愛も憎しみも両方とも、相手に関心を持つことだから、大きく言えば『関心』ということで一つに括れる。で、愛や憎しみを含めた関心の反対は、もちろん無関心である（B）」。

うー、長い。それに不細工。これだともう「名言」の仲間に入れてもらえないでしょうねえ。でも、「愛の反対は憎しみではなく……」はいくら名言っぽくても、正しくはなかった。それに対して、「愛の反対は憎しみである。しかし……」の方は、不細工に見えても、こちらの方が正しい。そして、前にも書きましたが、哲学は気の利いたことを言うことではありません。何が本当かを考えるものです。そして、本当のことは、必ずしも気の利いたものであるとは限らないのです。

否定のための否定ではなく

さて、この章では名言的なものを取り上げて検討してみました。

でも、こうしたことを授業でやるとと、「なんだかなぁ」と思う人も出てきます。「これは間違い、これも間違ってますね」というツッコミというか、否定ばかりに見えるからでしょう。でもこれは、このパートでは、間違いを減らすという、どちらかと言えばネガティブなやり方を見ているからで、哲学はそうした否定ばかりしているわけではありません。

というか、否定することそれ自体に意味があるのではありません。大事なのは「何が本当かなのか、真実を知りたい！」ということなのです。そして、そのためには、一見正しそうとか、偉い人がこう言っているとか、何か知らないけど共感はできるとかの、ひょっとすると偽物かもしれないものにだまされていることもあるので、そういう余計なものは取り除いておこう、というだけなのです。

例えば、ここで取り上げた「愛の反対は憎しみではなく」について書いてくる人は、よく、「これはマザー・テレサの名言で」と書いてきます。マザー・テレサと言えば、もうものすごくいい人で偉い人です。世界中の貧しい人、困っている人たちを助けることに身を捧げました。だから、「マザー・テレサのようなすごい人を、先生は非難するのですか?」と書いてくる人もいます。

でもね(ふふふ)、マザー・テレサがいくら偉い人だと言っても、間違ったことを言うこともあります。そして、言った人がいくら偉い人でも、間違っていることが分かっているのに、それに従うっていうのは変じゃないですか?

それに、実を言うと、少なくとも私の調べた範囲では、マザー・テレサは「愛の反対は憎しみではなく無関心である」とは言っていないらしいのです。なんだか人から人へと伝わる間にこんな間違った表現になっているだけ(「愛の反対は憎しみではなく無関心である」という言葉は、実際には別な人が言った言葉だそうです)。そう、間違いを取り除いていけば、マザー・テレサが本当に言いたかったこと、本当に大事なことが見えてくるかもしれません。

この章のまとめ

でも、例によって確認しておきますが、この章で学ぶべきなのは、「愛の反対は何か」といったことではありません。それはあくまで例です。ここで見たかったのは、よく言われる常識や名言、偉い人の言葉にも間違いや混乱が含まれているってことです。でも、「これが常識だ」とか、「うまいこと言うなあ!」というのでだまされやすい。そこで考えるのをやめてしまうと、もっとややこしいことになる、ということです。

そして、一見するとややこしく見えているものでも、ちゃんと考えていけば、そうした間違いや混乱を取り除くことができる、ということでした。

【練習問題18：正義の反対は悪ではなく……？】

さて、本文で触れた「正義の反対は悪ではなく、もう一つの別な正義である」を検討してみてください。全体についてでなくても、どこか一点でもいいので。

【練習問題19：漫画『東京喰種《グール》』の名言？】

漫画『東京喰種』では、人間を食料とするグール（見かけ上は人間と同じ）の苦悩が描かれます。そのテーマも面白いのですが、授業ではこの漫画に出てくる「全ての不利益は当人の能力不足である」という名言（?）に共感したり反発したりする人が多く出ました。みなさんも、これが正しいか間違っているか考えてみて下さい。そして、その理由も。

〔正しい／間違っている〕
その理由
〔　　　　　　　　　　〕

【4-3】人生の優先順位——飛躍をなくす

批判されるのは嬉しい？

　さて、みんながせっかく「名言」だと思っているものに、いわばケチをつけてみました。でも、そうなると「お前はどうなんだ？」と言われそうです。うーん、ケチを付けられると嬉しくはないですね、気持ち的には。でも、自分の意見だって間違っているかもしれないわけだから、直してもらえれば、それはありがたい。だから、別にマゾじゃないんですけど、批判されるっていうのは議論の上では嬉しいことなのです。もちろん、もっと嬉しいのは、理解された上で認められるってことですけど。

自分の論証を見直す

　だって実際、自分の意見を聞いてもらえて、できれば理解してもらって検討してもらうなんていうチャンスは、普通はめったにないです。では、そういう場合はどうするか。そりゃもう、自分で理解して、検討して、批判して、直せたら修正するしかないわけです。

自分で理解してというところに引っかかる人がいるかもしれません。でも、実はここが大事。自分が考えたことを書いて、それを改めて読む。自分の考えたことだと思って読むと、「うんうん、そうだよな」で終わります。だって自分で考えたことなんですからね。でもそれだけに、自分ではそれが正しいのかどうかを検討するのが難しい。だから、自分の考えを自分で検討する場合には、それを他の人の意見であるかのように読み直すわけです。そうしたら、自分の考えなのに、自分でも思ってもいなかったこと、少なくとも意識的にはちゃんと理解していなかったことが含まれている場合だってあるからです。

そして、別にいじわるな意味じゃなくて、間違っているところがないかどうかを検討します。自分で自分にツッコミを入れるのです。で、もし間違っていたら考えを撤回する。あるいは、直せるものだったら直す、修正する。

実はこの本の原稿も、途中で何人かの学生さんに見てもらいました。彼らから指摘されて直したところもあるのですが、それだけじゃなくて、「他の人に見てもらっている」と意識するだけで、自分でもおかしなところを見つけられて、どんどん直せるのです。

論証に失敗するパターン

さて、3-1章で「人はみんな死ぬ」という前提から、「人生では何をするか優先順位を付けなければならない」という結論を引き出しました。前提は、結論を引き出すための理由・根拠になっています。そして、「人生で何をするか優先順位を付けなければならない」という主張がちゃんと成り立つためには、理由・根拠を示す部分と、結論・主張を示す部分とがうまく繫がっていなければなりません。これがうまく繫がっていれば、その主張が論証できたということになります。

けど、「Aだから、Bだよね」と言っているけど、実はAが全然Bの理由になっていないとか、AとBとが全然繫がっていないっていう場合は結構多いです。

論点先取

まず、理由が理由になってないケースを見てみましょう。

以前に、コメントに書いてあった質問を授業で聞いてみたことがあります。

私：次はこんな質問です。「人工知能が心を持つことはあるか」というの。木下君はどう思う？

木下君：人工知能に心なんかないです。

私：ふむ、では、その理由は？

木下君：うーん、だって、人工知能は人間の作った機械だけど、機械に心はないから。

人の意見は尊重しなけりゃいけません。でも、残念ながらこの意見は認められません。というのは、理由が理由になってないからです。これを整理して書いてみると、こうなります。

「機械に心はない（大前提）。ところで、人工知能は機械である（小前提）。したがって、人工知能に心はない（結論）」。

こういう、二つの前提から結論を導く推論を**三段論法**と言います。これは一見すると正しい。でも、これが本当に正しくなるのは、大前提が正しい場合だけです。「大前提」って言うくらいで、これが正しいことが大前提なのです。ところが、木下君のこの主張では肝心のそれが怪しい。っていうか、「機械に心はない」が本当だったら、そもそも「人工知能に心はあるか」なんて問題にならないでしょう？　それだったら、答えは初めから分かっていることになるからです。そう、こういうのがいわゆる**論点先取**の間違いです。

論理の飛躍

さて、うまく繋がっていない二つ目のパターンは、前提と結論に隙間があって、繋がっているようで実は繋がっていないという場合です。これがいわゆる、**論理の飛躍**というヤツです。具体的な例で見ていきましょう。

いや、もう分かってる人も多いかなと思うんですが、さっきも出てきた「人はいつかは死ぬ。だから、人生では優先順位を決めなければならない」もかなり怪しい。だって、「えーっ、優先順位を決めるなんて面倒くさい」って言う人もいると思うんですよねぇ。

じゃあ、「人生では優先順位を決めなきゃいけない」を修正して、「人生では優先順位を決めた方がいい（かもね）」くらいの、ちょっと弱気の主張にしておきましょうか？　いや、これも同じ気がします。

こっちはちょっと譲ったつもりでも、「えーっ、だって面倒くさーい」っていう人、やっぱりいるでしょうねえ。

それどころか、極端な人だったら、「何をしようがオレの人生なんだから勝手だろうが。オレは優先順位なんか考えたくないねっ！」とか言って怒り出すかもしれません。

ここが大事です。「自分が考えていたのとは違った風に考える人がいるかもしれない」と考えてみる、さっき言った言い方で言うと、自分の考えを検討するのに、他の人の視点を取り入れるわけです。

何か抜けている！

実際、「人はいつかは死ぬ」と「人生では優先順位を決めなければならない」との間には、だいぶ隙間があるんじゃないかと考えられます。だから、「人生では優先順位を決めなければならない」という意見には、今のところ十分な説得力はない。隙間があるというか、主張に説得力を持たせるための理由・根拠となる前提が、「人はいつかは死ぬ」だけでは足りないのです。

さて、では、この隙間を埋める、足りない前提を足すことができるでしょうか。

抜けている部分を埋める

最初我々は、「優先順位を決めなきゃ」を導くために、「人はみないつかは死ぬ」を言い換えて、「人生は限りがある、有限である」と考えました。でも、これだけでは隙間を埋めたことにはなりません。これは出発点になった「人はみないつかは死ぬ」の言い換えにすぎないので、足りない理由・根拠をきちんと補ったことになっていません。

もう一度振り返ってみましょう。そうすると、「優先順位を決めなきゃ」という結論を出す時、この結論に至る前に、実はもう少し考えたことがあったはずです。そう、「人生は有限なので、やりたいことが無限にあって、その全部を成し遂げることができない」ってのを「プラス・アルファ」で足したのです（九四頁）。だから、「やりたいことがたくさんある場合、それを限られた時間しかない人生の中で、できるだけ多く実現するためには、優先順位を付けなければならない」。

さあ、何が抜けてますか？「優先順位をつけなければならない」の理由になっていて、「人はみないつか死ぬ＝人生には限りがある」というのとは別な前提です。ずばりそれは、「やりたいことがたくさんある場合、それを限られた時間しかない人生の中で、できるだけ多く実現するためには」という部分です。

「人はみな死ぬ」というのとは別の、「やりたいことを限られた時間の中でできるだけ多く実現するため」という前提が加わってこそ、「優先順位を決めなきゃ」となるわけです。逆に言うと、「人生にそんな計算なんかしたくない！」と考える人、「やりたいことを限られた時間の中でできるだけ多く実現したい」という欲求を持たない人にとっては、「優先順位を決めなきゃ」という結論は説得力を持たないでしょう。だから、人によっては、「優先順位を決めるなんて面倒くさいことしたいもんか！」っていうことになるわけです。

そもそも「優先順位を決める」なんて一言で言っちゃいましたけど、優先順位を決めるためには、何をやりたいのかを全部リストアップして、それに順番を付けていかなければなりません。しかも、そのためには、人生の全部を考えて、全体として何がやりたいのかが分かっていなければならない。おぉ？　だから、「自分が人生全体で何をやりたいのかなんて、そんなのすぐに分かるわけない」、「先のことなんか分かるわけないじゃん」と思う人は、「優先順位を決めなければならない」っていう結論に納得するどころか、「そんなの無理！」ってなるでしょうね。

隙間を埋めるというより、はっきりさせる

繰り返しますが、「人生では優先順位を決めなきゃ」を導くためには、「人生は限られている」という前提と、もう一つ、「できるだけ多くを実現したい」という前提、この二つの前提が必要だったわけです。

「えっ？」と思う人がいるかもしれません。「えっ、だってそんなの当たり前じゃん」とか。その通り。でも、3-1章でこの推論をした時には、ここのところをすーっと通り過ぎてしまっていました。だから、この二つ目の前提がちゃんと明確にできていなかったのです。つまりこの二つ目の前提は、「抜けていた」というより、「はっきりさせられていなかった」と言ってもいいです。

この章のまとめ

さて、この章では、前提から結論を引き出す推論、結論を根拠付ける論証に問題がある場合を考えました。そして、**論点先取**や**論理の飛躍**がある場合を見てみました。

そして、特に論理の飛躍については、飛躍を埋める作業をやりました。これは、隙間を埋めるというより、知らず知らずのうちに、暗黙に前提していたことをはっきりと自覚する、ということでもありま

す。それがはっきりさせられれば、論証が修正できて、議論の説得力も増します。それに、もし人と議論していて意見が合わない場合も、どこで食い違っているかがはっきりします。

ここから、とても大事なことが分かります。

暗黙の前提を自覚する

人に話が通じないのには、いろんな原因があります。その一つが、こうした暗黙の前提です。2-2章でも見ましたが、自分でも無意識のうちに前提していることがあると、他の人には伝わりにくくなります。だって、相手の人は自分とは違って、その前提を持っていないかもしれないからです。自分では当たり前だと思うから言わない。でも、そうしたら、相手の人にとっては、「飛躍だ」とか「ずるい」とか思われる。

もちろん、相手の人は相手の人で暗黙の前提、偏見にも思えるような前提を持ってて、しかもそれに気付いていないかもしれません。だから、相手の話を理解する場合にも、そういう暗黙の前提があるんじゃないかっていう点に気を付けてみると、相手の言っていることがよりはっきりと理解できるようになります。

だから、こうした暗黙の前提を自覚する、はっきりさせるっていうのはとても大事。これは、哲学するとか何とかいう場合じゃなくても、人と一緒に仕事するとか、コミュニケーションを取るとかといった場合、ものすごく大事です。

【練習問題20：亜人で実験してはいけない！】

練習問題14（九七頁）で、「亜人を実験に使ってよいか」を考えましたけど、そりゃ、やっちゃいけないでしょう。では、それがきちんと論証できるでしょうか？

直観的には「かわいそう！」と思えます。うん、普段はそれで十分。でも、「亜人は不死だし、傷つけてもすぐに治るんだからいいじゃん」という意見が出てくるでしょう。さらに、「それに、亜人を研究すれば、医学とかも進むかもしれないし」などと、正論っぽい意見も出るかもしれない。では、どうしたらいけないってことをちゃんと示せるでしょう？

たぶん一番大事な理由は、「亜人は不死だとはいえ、他は人間と同じなんだから、実験（という名の虐待）をされたら苦痛を感じる」ってことでしょう。でも、この章で学んだように、これではまだ足りない。そう、あまりにも当たり前に思えるんで、わざわざ言うまでもないように見えるけど、ちゃんと言葉にしないと明らかにならない前提が他にもあるのです。

さあ、ちょっと難しいかもしれないけど、考えてみましょう。ほんと、主張するだけなら簡単。難しいのは、それを一歩ずつきちんと示すことなのです。だから、ゆっくり考えてください。

【4-4】かわいいは正義！——違うものは分ける

さて、このパートでは、考えを組み立てる際に陥りやすい間違いを取り上げてきました。

間違い方を学ぶ

でもぶっちゃけた話が、こういう間違いっていうのはなかなかなくなりませんし、専門の研究者でもしょっちゅうやります（この本でもやっちゃってるかもしれませんから、気付いたら教えてください）。でも、間違いを犯すからこそ、それを隠すのではなくて、直すようにしなきゃいけませんし、そのために、どういうところで間違いやすいかを知っておくのは大事です。

もちろん、間違いの原因はいっぱいあるんで、その全部を取り上げることはできません。でも、前の章で取り上げた論点先取や論理の飛躍はその代表的な例で、これに注意するだけでもだいぶ違うんじゃないかと思います。

ここではその延長で、もう一つ、違うものをくっつけてしまうというタイプの間違い方を取り上げましょう。

かわいいは正義！

こういうのは、間違いというより、場違いというか、お門違いと言った方がいいかもしれません。例えば、「かわいいは正義」なんてのもそう。これ、正義が話題になると書いてくる人がけっこう多いのです。

いや、「そんなの間違いだって分かってる！」、「単に冗談っていうか、そんなに目くじら立てる必要ないじゃん」と言う人も多いかもしれない。授業で取り上げたら、「こんなのを真面目に論じる人を初めて見ました！」という感想を貰ったこともあります。

実際、こういうのはレトリックとして許容されることがあります。レトリックというのは、人を説得したり、美しく見せたりするための、効果的な表現方法のことです。そういう場合には、ものごとを大げさに表現するとか意表を突く言い方をするとか、いろんな方法が用いられます。「かわいいは正義」も、そういう表現方法の一種だとすれば、「まあそんな言い方もアリだな」ってことで済む。

でも、これを真剣に受け取ると言うか、これで悩んでいる人もいるわけです。例えば、野口さんなんかは、「本当に『かわいいは正義』ってその通りだと思います。小学校の時、かわいい子は叱られずに、ブサイクな私ばっかり叱られてました。もう悔しいばっかりです」とか書いてきたのです。

こうなれば、もうシャレにならないんで、少し考えておいてもいいでしょう。

「かわいいは正義」はなぜ間違いか

まあでも、野口さんの気持ちも分かるけど、もうみなさん気付いてるでしょう？　「かわいい」は、「きれい」とか「ブサイク」といった判断の仲間で、大げさに言うと美的な判断です。一方、「正義」っていうのは、「公平」とか「平等」とかと関係する、広く言うと倫理学的、法学的な言葉です。だから、違うカテゴリーの言葉をくっつけてしまっているから、「かわいいは正義」は論理的に間違い。こういうのは、**カテゴリーミス**です。

間違ったものをくっつけてしまうというのは、いろんな仕方で起こります。

ソクラテスは草である
――述語的同一化

前の章で三段論法が出てきました。古代ギリシャの哲学者アリストテレスは、おそらく人類史上最大の超天才で、二〇〇〇年以上前に、この三段論法の使い方（論理形式）を完璧に確立しました。「大前提：人間は全て死ぬ。小前提：ソクラテスは人間である。結論：したがって、ソクラテスは死ぬ」とか。

これは正しい三段論法です。これは、「元々Aはxで、BはAの一種なんだから、当然のようにBもAと同じくxだ」と言っているわけですが、非常にスムーズに繋がっています。

ところが、見かけは三段論法でも、並べ方がちょっと変わっただけで大変なことになります。三段論法は、全部で二五六通りの形式が出来るのですが、間違いを起こす形式がたくさんあるので、実際に使える正しい形は一九通りになります。細かくは書きませんけど、次のような場合はどうでしょう。

大前提：草は死ぬ。小前提：ソクラテスは死ぬ。↓結論：したがって、ソクラテスは草である。

うん、これはどう見ても正しくなさそうです。こういう間違いをする人は、まずないと思うんですが、一応確認しておくと、これは、「Aはxである。Bはxである。だからAはBである」という形になっています。「〜は…である」の「〜は」が主語で、「…である」が述語です。で、この場合は述語が同じだからというので、元々カテゴリーそのものが違う二つのもの（主語）をくっつけてしまっている。そ

コラム5：後件肯定の誤謬

「ソクラテスは草」に似た間違いに，**後件肯定の誤謬**というのがあります。

例えば，「風邪であれば，咳が出る」が正しいとしても，「咳が出るから風邪である」とは言えない。だって，本当は風邪ではなくて，ぜん息とか結核で咳が出たのかもしれないからです。それなのに我々は，「咳をしてるね。風邪だろう」なんて言ったりする。

「〜なら（〜であれば）…だ」という文で，「〜」の方を前件，「…だ」を後件と呼びます。上の場合は，後件だけを根拠にして，前件まで当てはまると考えてしまっているわけですが，これは不確実な推論です。これが**後件肯定の誤謬**です。

もちろん，「風邪だろう」という推論がたまたま当たっている場合もありうるわけですが，それを確認するためには，ちゃんと調べてみなければなりません。要は，後件だけを根拠にしているんだったら根拠薄弱だよ，ってことです。

我々はこうした間違いも，よほど気を付けていないとしょっちゅうやってしまいますし，他の人がこういう不用意な推論をしていても，気付かない場合もあります。

私は推理小説が好きでよく読むのですが，名探偵の推理にも，かなりこういうのがあります。残念ながら，こういうのは推論，推理というよりは，ほとんど当てずっぽうなので，名探偵は実はあまり論理的じゃなかったりするのですが，残念ながら我々の多くは，こうした間違いも平気で（多くは結果オーライで）受け入れてしまっているらしいのです。

こで**述語的同一化**と呼ばれます。だから、「草は死ぬ（枯れる）」も「ソクラテスは死ぬ」も、この二つの前提がどっちも正しいのに、結論のところで論理的な間違いになってしまっているのです。だって、草は草だし、ソクラテスはソクラテスで、草とは違って人間だもの。

さっきの「かわいいは正義」論者の野口さんに少し話を聞いてみましょう。

再び、かわいいは正義

私：ええっと、さっきの話は分かった？「かわいい」と「正義」は全然違ったカテゴリーなんで、結び付けちゃ間違いになる、ってとこ。
野口さん：それは分かるけど……。
私：うん、野口さんの言いたいことも分かる気がする。間違いは間違いでも、こんな風に思っちゃうのにも理由はあるんだろうと思う。
野口さん：そうなんです、だって、かわいい子にはきついこと言えなくて、みんなかわいい子の言うこと聞くじゃないですか。
私：なるほど、それで？
野口さん：つまりね、かわいい方が言い分が通るっていうか。
私：うんうん。で？
野口さん：ええっと、それで、みんながかわいい子に従うっていうか。
私：うん、そうするとどうなる？
野口さん：うーんと、みんな正義っていうか、正しいことには従わないといけないでしょう？ だから、かわいいは正義だと思う。

それがいいかどうかは別にして、確かに「かわいい子の言い分が通って、みんながそれに従う」ってことはありそうです。「正しいこと、正義にはみんなが従わなければならない」もオッケー。つまり、この二つの前提は間違ってません。でも、「だから、かわいいは正義」って結論になる?

もう分かると思いますが、これは、さっき出てきた述語的同一化と同じことです。「ソクラテスは草である」の間違いは分かりやすいけど、それと同じタイプの間違いなのに、「かわいいは正義」にはうなずいてしまう人も出てくる。そういうことは十分にありえます。だから、気を付けなきゃいけないわけです。

この章のまとめ

実を言うと、みなさんに聞いてみると、「かわいいは正義」の解釈もほんと様々で、野口さんとは違った意味で理解している人もいました。つまり、野口さんがやっちゃった述語的同一化とは違った仕方で間違ってしまう人もいることが分かったのです。実際、正しい理解の仕方なんてのは限られているけど、間違った理解の仕方って、ほんとに様々あるのです。

でも、これはあくまで例だと思ってください。別に「かわいいは正義かどうか」がここでのテーマではないのです。むしろ、ここで確認したいのはこういうことでした。つまり、論証で大事なのは、根拠となる前提と結論・帰結をスムーズに繋げること。でも、あくまでスムーズにです。つまり、前の章で見たように、間に抜けがあったりした場合、無理に繋げると間違いになります。これはスムーズじゃない。そして、この章で見たように、違ったものを無理に繋げても間違いになるってことでした。

だから、議論を組み立てる時には、隙間がないかどうか、また、全然違ったものをくっつけてないかどうかをチェックすることがぜひとも必要になります。

【練習問題21：違いの違い】

違うものは分けた方がよい、というのがこの章のテーマでした。でも、「違う」には何種類かあります。

一つには質の違い、もう一つは量や程度の違いです。テレビとラジオでは質的な違いがあります。テレビは映像があるけど、ラジオにはない。それに対して、そうめんと冷や麦は、材料も性質も似ていて、はっきりした違いは、太さしかありません。つまり量的な違いです。

ただ、全く異なるものは比べることもできません。「怒りと灰皿はどう違うか」なんて聞かれても、答えようがないからね。

では問題。質的に違うもの、量や程度の違いしかないもの、比べることもできないものの例をそれぞれ挙げてください。

質的に違うもの〔　　　と　　　〕量や程度の違うもの〔　　　と　　　〕

比べられないもの〔　　　と　　　〕

【練習問題22：教育はサービス業である？】

テレビとラジオは質的に違う。でも、見方を変えれば、同じところもあります。というか、本当に全く違っていたら比べることもできないんで、比べられるというのは、前提として既に何かの共通点がある場合なのです（逆に言えば、問題21で出てきた比べられないものとは、お互いに何の共通点もないものです）。

例えば、テレビとラジオは両方とも、不特定多数の人にいっぺんに情報を伝えることのできるマスメディアだという点で同じです。その上で、映像があるかないかの違いがある。

では問題です。教育とサービス業を比べて、その共通点と違いを見つけてください。やり方としては、共通点を見つける方が先です。それが見つかれば、違いも浮かび上がってくることが多いからです。

共通点〔　　　　　　　　　　〕

違　い〔　　　　　　　　　　〕

パート5

攻めに出る

【このパートの見通し】

哲学書を読む時、「これは納得できる、正しい」と思う時と、「これは面白い！」と思う時があります。科学論文なんかでも面白いのはあると思うんですが、正しいの方が主。でも哲学の場合、「面白い／つまらん」っていうのも大きい。そして、「面白い！」のは、やはり、新発見がある、今までなかったような発想が書かれている場合です。

前のパートで見た間違い防止は大事で、そういう作業がないと適当なことを言って「はい終わり」っていうことになっちゃう。でも、欲を言えば、「もっと積極的に攻めに出る」というか、「新しいことを思い付いたり、考え出したり」といった、「面白い」方面にも少し手を出したい。それがこのパートのテーマです。

でも、間違い防止と新発見では、そりゃ新発見の方が難しい。間違い防止には一応の手順がありますが、新発見は手順を無視したものなのです。ただ、ヒントがないわけではない。ここではそうしたヒントを幾つか見ます。

【5-1】改めて、ひらめきから始まる——直観から帰納へ

「ひらめいた!」から始まる

新しいことを発見するには、「何か思い付いた!」とか「ひらめいた!」がないと話は始まりません。こうした思い付き、ひらめきのことを、**直観**と呼びます。

他にも全くないとは言えないけど、我々が「哲学的に考える」場合、その中身は、要するに、今までも見てきた**推論**（もしくは論証）か、そうでなければ**直観**しかありません。

推論は、一つの考えから別な考えへと繋がる、スムーズに移行することを言うのでした。それに対して、直観というのは、そんな繋がりがなくて、いきなり思い付く。つまり、切れているのです。

そういう意味で直観は、雑に言えば思い付きにすぎません。それは何かの根拠から推論したものではないからこそ直観なのです。「なんとなく、こんな感じ?」というような、最初はぼんやりしたものかもしれませんけど、ともかく、直観。そして、学問はほとんど、そういう直観から出発するのです。

直観としての帰納

でも、改めて言うと、直観というのは推論とは違って一種の飛躍だし、直観のやり方なんていうのは、本当はないのです。むしろ、何かに「気付いた!」を、後から「それって直観ね」と呼んでいるだけで、どうしたら直観できるかなんて、説明できないのです。ははは。

はいはい、静かに。「何の説明にもなってないじゃん！」って？　その通り。だから、直観的だけど単なる直観じゃないものとして、ここでは**帰納**を取り上げましょう。簡単な例で言えば、こんな感じです。鳥を観察してると、この鳥は卵から生まれた。別な鳥を見たら、やはり卵生まれ。別な鳥もそうだった。……だから、「鳥というものは、卵生である」という結論を導く、みたいな（もちろん、これはすっごく単純な例ですが）。

実を言うと、帰納は一般には、直観ではなくて推論の一種とされてるんですけど、いやいや。

本当の推論はやっぱり演繹

推論にも何種類かあります。**演繹**とか**帰納**とか。中でも演繹は推論の代表格で、推論そのものと言ってもいいくらい。我々が今まで見てきたのも、基本的には演繹。中でも、三段論法はその典型でした。

「大前提：人間はみんな死ぬ。小前提：ソクラテスは人間である。結論：だから、ソクラテスも死ぬ」。

大前提には、「人間」というような抽象的な言葉（概念）が入っていて、しかも「みんな」とか「全て」なんていう言葉が付いているのが特徴です。一方、小前提には「ソクラテス」のような、具体的なものが入ります。その具体的なものが大前提に出て来た抽象的なものに属する、含まれる、と言っているのが小前提です。前の章でも見ましたが（一三八頁）、その結果、大前提に出て来た抽象名詞（ここでは「人間」）が持っている性質（「死ぬ」）が、小前提に出て来た具体的なもの（ソクラテス）にも当てはまるはずだ、と繋がるわけです。

当たり前だって？　そう、当たり前。でも、当たり前だってことは、これはもう絶対に確実ということ。そうです。演繹の特徴は、「当たり前」と言いたくなるくらいに確実だということなのです。

演繹は確実ですが、弱点もある。確実ではあっても、あまりにも当たり前のことを改めてはっきりさせただけで、新しい発見があるとは言えないからです。

演繹と帰納の関係

一方、帰納は新しい発見があります。しかし、その発見の仕組みはどうなっているかが問題です。注意してもらいたいのは、演繹の出発点である大前提は、「人間」みたいな抽象的なものを主語にしていて、一般的に認められる原理だったのに対して、帰納の方は、個別的な例から出発しているってことです。演繹は、一般的なものから出発してそれを個別的なものに当てはめていたわけですが、帰納は全く逆に、個別的なものから出発して、一般的な原理や法則を見つけ出す、という手続きを取っているということです（【図5】）。

で？　そう、だから、演繹と帰納では方向が逆で、反対の性質を持つということです。つまり、演繹が確実だけど新しい発見がないのに対して、帰納は新しい発見はあるけど、確実ではないということなのです。

「人間というものは、全て死ぬもので、ソクラテスも人間の一人なんだからやっぱり死ぬよね」というのは確実です。でも、当たり前のことを改めてはっきりさせただけ。一方、「この鳥もあの鳥も卵生だから、鳥っちゅうものは全て卵生だ」っていうのは、新しい発見があります。でも、明らかに飛躍し

【図5】

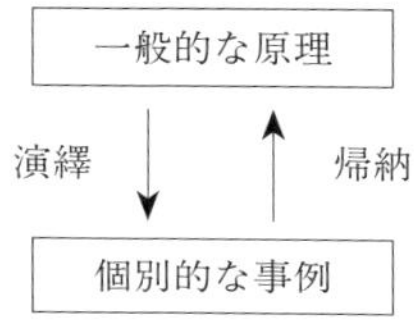

てます。だって、観察したのは「何羽かの鳥、鳥の一部」だけなのに、そこから「全ての鳥は」を導いてしまっているからです。もっともっと観察を続けていったら、卵生じゃない鳥だって見つかるかもしれないのに！

だから帰納は、やっぱり推論と言うにはあまりにも頼りない。

科学の場合

一般には、科学は帰納を使うと思われています。つまり、「実験と観察で集めた個別的な事例の集積から、帰納法を使って一般的な原理、法則を見出す」というわけです。でも、だとすれば、かなり頼りない話で、科学はすっごい不確実だということになります。人々は科学を厚く信頼していますが、専門家になればなるほど、「科学は不確かだ」（二〇世紀を代表する物理学者ファインマンの本のタイトル）と言いたがるのも分かります。

そこで科学の場合は、その背景として、より包括的な**理論**を立てます。理論それ自体は実験も観察もできませんけど、考えていって組み立てる。この点では科学も哲学も実は同じなのです。

そうした理論的な背景がないと、帰納だけでは頼りない。「ニュートンはリンゴが落ちたのを見て万有引力を発見した」なんていうのも要注意の言い方です（そもそもこのエピソード自体が作り話なのですが）。ニュートンは一回リンゴが落ちるのを見て発見したんじゃなくて、「どんなものも、支えがなければ常に下に落ちる」ことに気付いたのです（だから「万有引力」って言う）。それに実は、引力もニュートン以前にとっくに知られていました。ニュートンが偉かったのは、単なる思い付きを述べたことじゃなくて、むしろ、既に知られていたことを基にして、いつでもどこでも当てはまる**理論**として組み立てたことなのです。

人生論の場合

でも、我々は「私はこういう経験をした、だから」という仕方で、帰納とも言えない一般化をしょっちゅうやってしまいます。実際の**経験**、事実は強いのは強いですからね。「だって本当なんだ、僕は実際にそういうのを見たし経験した」と言いたくなります。それはほんの一例にすぎなかったりするんだけど、その経験がものすごく強烈なので、それが全部のように思えてしまうのです。こういう、理論的な背景も何もなくて、自分の少ない経験だけからいきなり結論を導いてしまうというのが、前にも出てきた**人生論**なのです（0-1章）。

例えば、「女性っていうのは信用できない」と主張する人がいたとします。その理由を聞くと、あれこれヘリクツを言うかもしれないけど、実際には「だって、僕はユミちゃんに裏切られたんだ！」ってことかもしれない。おおおぉ、ものすごい飛躍です。飛躍しかない！

「同じ」の発見としての帰納

帰納は直観的で飛躍を含むと言っても、こんなものすごい飛躍は避けなきゃいけません。そのために、多くのデータに触れるということを大事にするわけです。そういうデータに基づいているんだから、「何もないところから降ってくる」的なひらめきではありません。

コラム6：考えを深める

哲学は「私の経験では……」式の人生論とは違います。ただ、科学のように一般化して広げるのではなく、強烈な体験に出会って考えを深めるということはできます。そうなれば、本人にとってだけ大事な人生論とは違って、他の人にとっても意味を持つ哲学ができることがあります。

例えばキルケゴールという人は、自分の父親が婦女暴行していたことを知って大きなショックを受け、生活も荒れました。また、愛した女性と婚約までしながら、それを一方的に破棄しています。

彼の著作にはそうした体験が色濃く反映されています。彼がなぜ愛する婚約者と結婚しなかったのか、その理由も研究されているのですが、今でも謎です。でも、それでもいいのです。哲学として大事なのは、キルケゴールが実際に何を経験したかではなく、そこからどんな深い考えを取り出したか、という点だからです。

観察したり、関心を持ってその周りをぐるぐるしたりしないと、こうした帰納もできないからです。だから、こういう意味では帰納には、推論的な面もあるのです。

でも、帰納はどうしたって飛躍を含みますし、やっぱり直観的でもある。つまり、まとめて言うと、帰納は直観と推論のハイブリッドなのです。

鳥なら鳥とか、こういう似た現象とか、要するに同じものに関するたくさんのデータを見ていって（ここが推論的）、「ひょっとすると全部の場合に共通しているのはこういうパターンなんじゃないか！」と思い付く（ここは直観的）。ここに帰納による発見があります。

そう、帰納というのは、たくさんの同じもの、同類のたくさんのものに、共通のパターン、同一の構造を見出す、推論と直観の合体のことなのです。

この章のまとめ

考えるというのには、推論と直観の二種類がありました。

確実性を目指して、見つかった答えを確かめるため、間違いを減らすためには、**論証**や**推論**が大事なのでした。

でも、それにしたって、まずは何かを思いつかないと始まりません。始まるためには、**直観**、ひらめきによる何らかの発見がなければならない。

でも、直観、思い付き、ひらめきと言っても、何も考えていなくても向こうから勝手に来るなんてことはまずない。何かのテーマというか、関心というか、そういうものの周りをぐるぐるしていると、そのうち向こうからも来てくれるわけです。この「ぐるぐるする」が推論です。「来たっ（ピカッ！）」っていうのが直観。

で、ぐるぐるしてて無理なく考えが繋がったのが**演繹**。これは純粋な推論です。一方、ぐるぐるしながら直観で飛躍するのが**帰納**。こちらは推論と直観のハイブリッドだった。

そういうハイブリッドが他にもあります。それが次に見る**類推**です。

【練習問題23：男女間に友情は成り立たない？】

『愛とか正義とか』では、「男女間に恋愛は成り立つけど、友情は成り立たない」という意見を取り上げました。こういう時によく出てくるのが、「私には異性の友達がいるから」とか、「友達だと思っていたら相手は恋愛感情を持っていたから」とかの意見です。これらがなんで正しくないかを説明してください。これは簡単。

【5-2】秘密結社の秘密の儀式――類推の危険な誘惑

さて、類推。先に例を見ましょう。

お酒とタバコと哲学と

コラム2（一三頁）で、「哲学って、小学校とか中学校ではやらない。それは、お酒やタバコが子どもには禁じられているのと同じで、あまりにも楽しいものだから」と書きました。はい、これが**類推**です。

単純すぎて「えっ？」って思うかもしれませんけど、仕組みを考えてみると、ちょっと説明が要ります。

我々は「子どもはお酒やタバコをやらない」ということは既に知っています（**【図6】**の①）。そこに、「子どもは哲学をやらない」という点が新たに加わります。そこで、「おっ！　哲学も、お酒やタバコに似てんじゃん！」と気付く（**【図6】**の②）。「だったら、哲学も酒やタバコと同じように楽しいんだ」と

【図6】

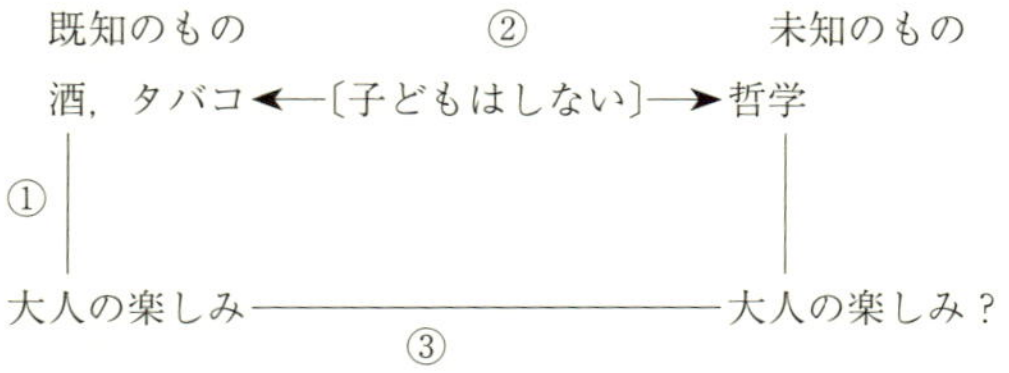

いう結論を導く（【図6】の③）。

大事なのは、既知のことから未知のことが分かったという点で、こういう新発見は、演繹型の推論ではできなかったことです。

演繹は、既知のこと（前提）から、はっきりはしてなかったけど考えてみれば当たり前のことを表に出すってだけのことで、未知だったことが新たに分かる（発見がある）わけではなかった。それに対して類推は、未知だったことを知ることができる。これはすごいわけです。

帰納と類推

さて、類推というくらいですから、よく推論の一種とされますが、これも、直観の一種だと考えた方がいいんじゃないかと思えるフシがあります。実際、推論にしては、類推はあまりにもふにゃふにゃで捉え所がなくて、不確実すぎる面があるのです。だって、類推というくらいなので、「なんか似てる！」というのが手掛かりなのです。ちょっと頼りない。

類推は、前の章で見た帰納と似ています。でも、違いもある。帰納が、たくさんの同じものの間にある同一の構造を直観することであったのに対して、類推の場合、違う二つのものを見て、「この二つは何か似てる（かも?・)」というとても頼りない手掛かりでもって、強引に結び付けてしまう力技《ちからわざ》だからです。

「似ている」という関係を手掛かりにすると言っても、元々似ているもの、そっくりなもの同士だったら、あまり新しい発見はありません。「コップとカップって似てない?!」とドヤ顔で言っても、誰も感心してはくれないでしょうねぇ、何か発見がないと。改めて言いますが、つまり、「一見すると全然違うんだけど、実は似ているんじゃない?・」っていう発見があってこその類推なのです。

類推と比喩、アナロジー

類推（英語だと「アナロジー」）は哲学や科学だけではなく、文学なんかでも用いられていて、その場合には**比喩**と呼ばれます。

例えば、「彼女はひまわりのようだ」とか。うー、ごめんなさい。私には文学の才能はないようです（哲学の才能も?・）。この例では、ひまわりに関するイメージ（明るいとか、太陽との繋がりとか）で、「彼女」のことを具体的に生き生きと表そうとする表現の技法です。

それに対して学問で使う類推は、新しい発見のための手法です。

さっきの類推、「哲学は酒、タバコと同じ、大人の楽しみ、快楽である」の仕組みは、**図7**のようになっています。

類推と比例

つまり、「①Pはx（という性質）だし、②PとQは似ている（y）、だから、③Qもx（という性質）だろう」ということです。

これは、考えてみると、「1：2＝3：X」みたいな式と似ています。この場合、未知のXも計算で

【図7】

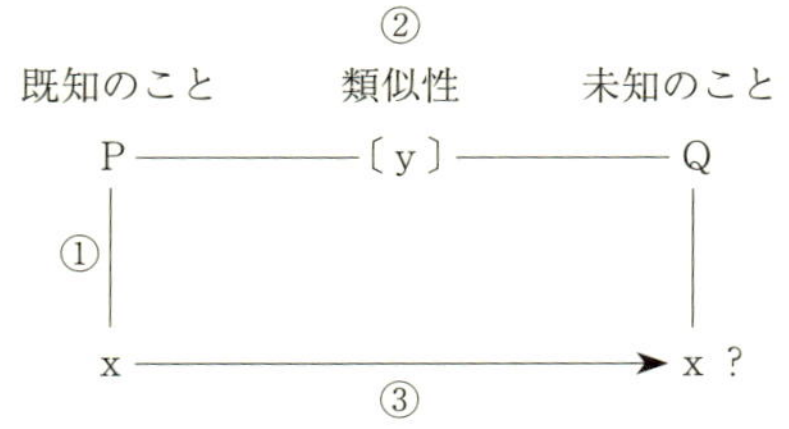

出ますね。3とXの比が1：2なんだから、3を二倍すると、6になる。答え、Xは6（【図8】）。

これはいわゆる**比例**です。そして、ギリシャ語では、類推も比例も、みんなアナロギアと呼ばれていたのです。そうか、類推っていうのは、数学の計算で未知の数字を当てるようなものか！

いや、残念ながらそうじゃないのです。数学の比例の場合だったら、Xはもう6以外に考えられません。この答えは確定的なものです。というのは、「1：2と3：Xでは比が同じ」という確かな前提があるからです。

ところが、類推の場合はそうじゃないのです。

失敗した類推

だってね、「哲学は、酒やタバコと似て、子どもはやらないもの」という前提が、なんとも頼りない。だって、「子どもがやらないもの」ってこれ以外にもいっぱいあるじゃないですか。例えば選挙とか、仕事とか。だったら、さっきと同じように類推すると、「選挙や仕事も楽しい」って結論になります。OK?

いやいや。だって、実際には選挙なんて特に楽しくないし、仕事なんかはむしろ辛いかも。この類推は失敗です。つまり、類推というのは、比例

【図8】

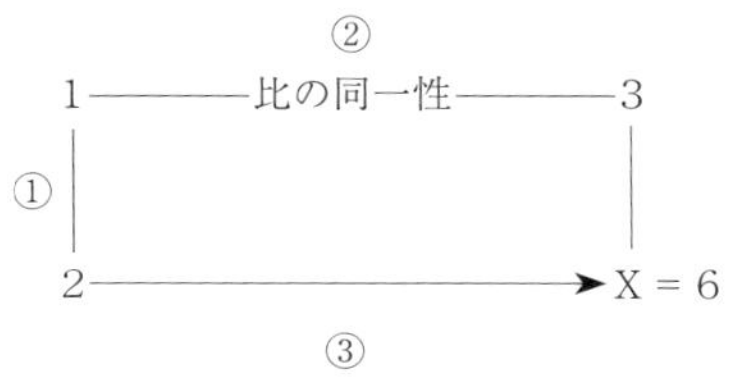

計算より確実性は低いのです。

3－4章で「違うものは分けておくのがいい」ってことを見ました。その通りです。そう、だから類推は危険なのです。だって、違うものを無理にくっつけてしまう場合があるんだから。

愛と引力――類推が流行らなくなったわけ

昔の哲学では、類推はよく使われました。例えば、「両方とも、「愛と引力は似ている」とか。だって、「両方とも、ものとものをくっつけるものだから」と。だとすれば、「愛に憎しみがあるように、引力に対しても反発する力、斥力があるんじゃない？」といったことが考えられます。類推です。そうして考えを広げていけるわけです。

ところが、哲学も時代が進むに従って、確実性を重視するようになって、そこから科学も生まれてきました。それにともなって、「類推のように不確実なものはもういいや」っていうことで、あまり流行らなくなったのです。でも、類推は、使い方に注意すれば、あれこれと面白い発見に繋がります。やってみるだけの価値はあるんじゃないかと私なんかは思います。一つ例を見ましょう。

看護学校の戴帽式は秘密結社の入社式である

私が教えに行っている看護学校では、一大イベント「戴帽式」というのがありまます。学生さんたちが初めてナースキャップを着けてもらう儀式です。平日に行われるので出席もしにくいし、どうせつまらない行事だろうって思って出ていなかった。それが、たまたま時間があった時に出てみたら、これがすっごく面白かったのです。

会場の体育館では、来賓が椅子に座っていて、壇上にはナイチンゲール像（さすが看護学校！）。その横に花が飾ってあって、演台があって、それが式の用意らしいけど……。しかし、肝心の学生さんたちがいない！「どこにいるんだろう？」と思ってたら、いきなり体育館の照明がみんな消えます。窓には遮光カーテンがかかっていて、外の光が入らないので、体育館はもう真っ暗。ナイチンゲール像が手にしているロウソク（これは本物）だけに灯がついています。

と、ドアが開いて看護学生さんたちが列を作って入って来る。一人ひとり演壇に上がって、校長先生からナースキャップを被らせてもらい、手に持っていたロウソクに、ナイチンゲール像のロウソクの火を移してもらいます。

その後、学生さんたちは「ナイチンゲール誓詞」というのを暗唱し、「ナイチンゲール讃歌」を歌う。後は、校長先生のお話とか、来賓の挨拶とか、もうあまり面白くない。っていうか、もうこの辺りのことはよく覚えてません。私は頭の中で新しい発見をして興奮していたからです。「戴帽式は秘密結社の入社式だ！」

翌週の授業で「みなさんがやった戴帽式は秘密結社の入社式です」と言うと、みんなドッと笑いました。私は大真面目だったのに。看護学校と秘密結社が全然違うものな上に、「秘密結社」というのが何だか怪しい響きだったからでしょう。

イニシエーション

でも、秘密結社って別に怪しいものではないのです。元々は、古代の部族の内輪のグループもそうだし、中世から近代では、特殊技能を持った職人さんなんかの業界団体なんかもそう。部族の秘密が他の部族に漏れたりしてはいけないし、職人さんたちの持つ特殊な技術が一般人に知られたら困るんで、秘密にしておかないといけない。変な人に入って来られるとまずい。だから、こういう団体では、仲間に入れる時には儀式をします。これが入社式、通過儀礼と呼ばれるものです（英語だと、イニシエーション）。

昔から、こうした儀式には典型的なパターンがあります。多くの場合、真っ暗な中を通って、その後で光のある場所に出るとか、光を貰うとかするんです。そう、戴帽式とそっくり。

そこから私はこう類推しました。ここまで似ている以上、秘密結社の入社式と看護学校の戴帽式は、一見すると全く違うように見えるけど、実は同じ目的によるのだろうと。

入社式で使われる暗闇はお母さんの胎内を、光は新しい生命を象徴します。つまり入社式というのは、いったん死んで、新しく生まれ変わるってことを象徴的に体験する儀式なのです。というのも、自分もグループの一員、専門家になったんだという自覚を持つためです。そのためには今までの人生を一回捨てて、新しく生まれ直さないといけないとされるのです。

ということは、戴帽式の目的も同じはず。実際、看護師というのは専門的な職業で、しかも人の命に関わる仕事。だから、ちゃんとその自覚をしてもらわないと。そのために戴帽式をやるんだろう。これが私の推測です。

専門家も知らないことを知る

で、戴帽式の後で、看護学校の先生方に戴帽式の由来とか意義について伺ってみたのですが、驚いたことに先生方もご存じなかったのです。でも私は先生方も知らない戴帽式の意義を知っています。これも類推のお陰。

現在では、ナースキャップは不衛生だというのであまり被らなくなりましたし、戴帽式の意義も分からなくなっているので、もう取りやめにしているところも多いようです。でも、戴帽式の意義を知っている私に言わせると、これはぜひやった方がいい儀式です。だって、看護師さんが人の命を預かる専門家だという自覚がなかったりしたら、怖いですもん。

さて、こうして私は類推によって専門家も知らないことを発見し、失われてしまいそうな戴帽式の意義も見出したわけです。でも、これは果たして正しい類推なのでしょうか?

類推の検証

うん、大丈夫そうです。だって、さっきの失敗した類推の場合と違って、入社式と戴帽式はとてもよく似ています。そして、入社式と入社式の目的の関係（必要性）もはっきりしています。そして、戴帽式とその目的の関係もはっきりしている。だから、この類推は正しい。

こういう風に、類推がきちんと成り立つためには、四つの項目の関係がしっかりしていることが必要なのです。

新しいものを作り出す

> こうして類推は、新しい発見があって、背景がしっかりしていれば確実性も保てます。でも、さらに言うと、類推、アナロジーというのは、新しいものを作り出すのにも使えます。

ビジネスに哲学なんて役立たないと思われているかもしれませんが、新製品のアイディアを考え出したり、新しい戦略を編み出したり、そういうのはたいていアナロジーです。実際、ビジネス書でも、「アナロジーが大事だ」とか「アナロジー思考で仕事のできる人間に！」っていうような本がいっぱいあります。

アナロジーは間違いやすいんで、その点をちゃんと理解して使う必要があるけど、その分だけ自由度が高くて、新しい発見、創造に繋がるわけです。

【練習問題24：原因→結果の逆？】

さて、我々はよく「これこれの原因があったから、こういう結果になった」と考えます。こういうのを、因果性と言います。これは学問的な考え方のベースになっています。山田君の世界観のベースになっていたのものこれです（3-2章）。

同じように我々は、「これこれの前提・根拠があって、こういう結論・帰結になる」と考えます。これが**推論**でした。これも学問の基本です。

ところで、推論を逆にすると、**論証**になります。つまり、仮説を立てて、その仮説を支える根拠になるものを探す（3-1章）。

これらはみんな、A↓Bという形になっていて、似ています。因果性では原因↓結果、推論では前提↓結論、論証では仮説↓根拠。で、推論と論証は始まりと終わりが逆になっています。推論を逆にすると論証、論証を逆から見ると推論（九二頁の**図3**）。

はい、因果性を逆から見るということができるでしょうか？　さあ、類推してみてください。

【5-3】可能性の窓際でノマドする中二病――概念を生み出す

愛と恋の違いは？

パート2で概念の作り方、使い方を見ました。「ゲーム」の概念を作ったり、対概念を使ったり。他にも、今まで出て来たので言えば「正義」とか「愛」とか

「必然」とか「個体性」とか、もうそこらじゅう概念だらけ。

我々は、言葉の意味を、知っているようで案外知らないことも多い。この場合の「知っている／知らない」は、その意味を**説明**できるかできないかってことですけど、これ、意外に難しいです。例えば、みなさんに「愛、恋って何？」と聞いた時によく出てくるのが「愛はラブで、恋はライク」です。うんうん、そうねぇ。でも、これだったら単に言い換えただけで、説明になっていない。だから今度は、「ラブとライクって？」って聞かなきゃいけません。他に、「恋は下に心があるから下心があるけど、愛は真ん中に心があるから、真心」とか、こういうのは『笑点』だったら「座布団一枚！」ってことになるかもしれませんけど、哲学では「うまいこと言う」必要はないのです。別にうまくなくても、ちゃんとその意味を**説明**できるようにしたい。これが概念を明確にするっていうことです。

違いをはっきりさせる

「概念化する」というのは、「言葉を**定義**する」ことだと考えてもいいです。

定義は英語だったらディフィニションですが、これは語源的に言うと、ラテン語で「輪郭をはっきりさせる」という意味。どこかのメーカーのコンタクトレンズに「ディファイン」というのがありましたが、あれです。「瞳の輪郭をはっきりさせて、目をくっきりと見せる」という意味で付けられたものだと思います。

「くっきりさせる」とどうなるとかというと、他のものとの違いが分かるわけです。逆に言えば、概念を作るきっかけになるのは、違いの発見なのです。

例えば「愛と恋は違うよなあ」って思う。でも、モヤモヤしてます。でも、それをはっきりさせると、二つの違いがくっきりと分かるようになる。

気分と気持ち

例えば、1-1章で、感情にも違った種類があるんじゃないかと考えました。怒りとか喜びのように、はっきりした対象があるものと、不安のように、対象があるのかないのか分からない、ぼんやりしたもの。こうした違いに気付いたら、それに名前を付けてみる。

そうですねえ、人によって語感が違うかもしれないけど、はっきりしない感情は「気分」と呼んだらどうでしょうか。一方、怒りとかは「気持ち」とか。

で、ここから何が考えられるか。怒りなんかははっきりしてて、自分でもよく分かるんで、自分でそういう感じを持つ。でも、不安なんかは、自分の中にあると言ってもいいけど、むしろ、自分の方が不安に包まれる感じかもしれません。

ふむふむ。ひょっとしたら、さっき出てきた愛は「気分」で、恋の方は「気持ち」なんじゃないでしょうか？　おお！

いや、こうした点については心理学者の人とかが詳しく研究しているかもしれないんで、あまりこれで話を広げようとは思いませんけど、こうして名前を付けて概念化すると、少し考えが進むわけです。

概念を新しく作る

今のもそうだし、2-1章でやった「ゲーム」も、その内容はもう既にあると言えばあるわけです。それがはっきりしていなかったから、改めてはっきりさせただけ。でも、もっと積極的に言うと、今までにないような新しい概念を作る、生み出すってことも考えられます。

実際、哲学者たちは昔から、こうしたことを続けてきました。「そんな、哲学者たちが作ったような概念なんて全然知らんし」と言う人もいるかもしれませんが、実はそうでもないのです。作られた当時は、新しいピカピカの概念だったものが、今はごく普通の言葉になっているのが山ほどあります。

例えば、「正義」なんていうのもそうだし、「社会」とか、「本質」とか「観念」とか、「所有」、「有用性」、「経済」その他、ほんとに山ほど。っていうか、哲学者たちが作った概念を使わないとしたら、「どうコミュニケーションしたらいいんだ！」ってなります。「実験」とか「科学者」とかも、哲学者たちが作り出した概念です（「科学者」なんていう概念はかなり新しくて、一九世紀の半ばに発明されました）。

目に見えないものを捉える

概念というのは、ほとんど抽象的なもので、言葉としてもいわゆる抽象名詞です。固有名詞なんかは、その言葉が表す実物があります。例えば、「長澤まさみ」という固有名詞なら、それは〈長澤まさみ〉っていう実体を表している。当たり前ですが。

それに対して、抽象名詞というのは、目に見えないものも多い。例えば、「正義」なんていうのがそう。こういうのは、物として目に見えないけど、でも、「正義」という言葉があって、それが指す意味が明確にできれば、それで話は通じるし、議論することも、考えを組み立てることもできるわけです。すごい！　そう、はっきり言って概念の力は、こういう目に見えないものを扱うことができるようにするという意味で、ものすごいのです。

私が特にすごいなあと思うのは、アリストテレス大先生が作った「可能性」っていう概念です。こんなの、今だったら普通に使う言葉でしょ？　でも、これなんか正真正銘の哲学的概念だったのです。

「可能性」の概念

何がすごいって、可能性なんて目にも見えないし、手で触ったりできない。でも、言葉で捉えられて、それでいろんなことを考えられる。今では「可能性」の概念がないことすら想像できないくらい。例えば、「若者には無限な可能性がある」なんて言う。それは未来の話なんだから、誰も見たことがない。でも、それでも我々はその意味を理解することができる。これが概念の力です。

アリストテレスがこの概念を思いついたのは、例えば植物が成長して花を付けるといったことを説明するためです。植物のタネは、何だか小さい粒みたいなものだけど、それが成長すると茎を生やして葉を付けて、そして花を開かせる。ということは、種子には、まだ実現していないけど、成長する力があるはずだ。

だとすれば、これは植物の種子だけじゃなくて、あらゆることに言えるんじゃないか。そして、当然、未来だけじゃなくて、過去に関しても言える。例えば、野村くんは今日の朝ご飯におにぎりを食べたけど、トーストを食べることもできたはず……。

いやあ、アリストテレスほどの人が考えたことを忠実に再現することなど私にはできませんけど、だいたいこんな感じで、「可能性」っていう概念を作ったのだろうと思います。

そして、その可能性が実現した姿のことを、「現実性」と呼びました。これによって、実際に起こったことと、起こらなかったけどありえたこと、これから起こりうることの違いを、くっきりと捉えることができるようになったわけです。

もちろん、先生はギリシャ人だったので、古代ギリシャ語です。「可能性」はデュナミス、「現実性」の方はエネルゲイア。デュナミスから、「ダイナミック」といった言葉、エネルゲイアから「エネルギー」という言葉が生まれました。このデュナミスがラテン語でポテンチアと翻訳され、それが英語のポテンシャルの語源になった。それを日本語では「可能性」と呼んでいるわけです。

こういう概念を、アリストテレスはいっぱい作ってるんです。偉くないすか！

ノマド

もちろん、こうしたことは現代でも行われています。「可能性」なんてのは作られてからもう二〇〇〇年以上経つので、我々も日常的に使うくらい浸透しているわけですが、現代の哲学者たちが作った言葉には、まだまだ知られていないものもたくさんあります。

ただ、情報化社会なんで、ちょっと面白そうな概念だと、わりあい広まりやすい。例えば、会社でデスクワークするとかじゃなくて、パソコンとかタブレットだけ持って、あっちこっちのカフェを移動しながら仕事する人を「ノマドワーカー」とかいって、数年前に流行りました。「ノマド」というのは、ヨーロッパ語で「遊牧民」という意味ですが、ノマドワーカーが流行るずっと前に、これを概念として使ったのが、現代フランスの哲学者ドゥルーズという人でした。

ただ、アリストテレスの場合と違って比較的新しいので、まだ用法がこなれていないっていうか、一般の我々の考えがドゥルーズの考えに追い付いていないので、詳しい説明はパス。ただ、「なんかカッコイイ」っていうのでだいぶ流行りましたし、その影響か、スズキが「ノマド」という自動車を作ったと思っていたら、そのうちにノマドワーカーも流行り出した、という感じです。

「ノマド」という言葉そのものはもうありました。だから、ドゥルーズが生み出したのは、「ノマド」という言葉そのものではなく、その中身、新しい意味合いです。実はこれは、一七世紀のドイツの哲学者ライプニッツが作った「モナド」という概念をもじったものなのです。このモナドを中心としたライプニッツの哲学は「モナド」に「論＝ロジー」を付けて、「モナドロジー」と呼ばれます。そこでドゥルーズの考えは「ノマドロジー」。

概念と流行語

哲学的な概念の場合、なぜそうした概念を作るに至ったのかの説明が大変です。そこで、哲学者が作ったものじゃないけど、もっと身近な例を挙げておきましょう。

例えば「中二病」です。一九九九年にタレントの伊集院光さんのラジオから生まれたようですが、立派に概念です（ただ、昔から、「左翼小児病《さよくしょうにびょう》」という言葉があったので、それのもじりかもしれません）。

他にも、一九九七年に、芸術家、作家の赤瀬川原平さんが作り出した概念が「老人力」。本にもなって大ヒットしました。それ以来、「なんとかりょく」っていうのがいっぱい出てきましたね。これなんかも、言葉もそういう捉え方もなかったのだから、独創的な概念だと言えます。

ただし、こうした概念は単発のものです。それに対して哲学者たちの概念は世界観に繋がる広がりを持ちます。概念を作ったら、それを展開したり、他のと組み合わせたりして、独自の世界観を作る。それが哲学することなのです。

概念を作るヒント

でも、「中二病」とか「老人力」は、概念を作る時のヒントを与えてくれます。というのは、「中二病」だったら、「中二＋病」だし、「老人＋力」で、これらは両方とも合成語です。

前の章の類推も、考えを広げるために、違ったものを結び付けるものでした。これは概念にも当てはまります。つまり、新しい考えを生み出すためには、違ったものを結び付けて、合成語を作るわけです。

哲学者たちの書いた本も、昔はシンプルに『〜について』とか『〜論』みたいなのが多かったけど、現代になると、『〜と…』というように、二つの言葉を並べたものも多く見られます。別に合成語を作らなくても、二つの言葉（概念）を並べてみると、また違った見方が得られることが多いからです。

もっとも、単に言葉だけくっつけたり並べたりしても意味はありません。さっきの伊集院さんの場合なら、自分自身の中にある「中二病」的なものを見詰めることからこの言葉が出てきたのでしょうし、赤瀬川さんの場合だったら、「自分が老人になって体力も視力も弱くなっていろんなことができなくなって」という状態を、ポジティブに捉えたいと思ったからこそ出てきたものです。そういう、自分の関心や興味、欲求があってこそ、こうした概念も生まれてくるし、活き活きとしたものになるわけです。

【練習問題25：「亜人」の概念を変換する】

本文では、「違うものをくっつける」というやり方を見ましたが、概念の内容を入れ替えるというやり方を見てみましょう。

前にも出てきた「亜人」も一つの概念だと言えます。その中身は、「不死である以外は人間と同じ」でした（漫画の中では他にも付け加えられますが、複雑になるのでカット）。練習問題14（九七頁）と20（一三五頁）で、「亜人で人体実験してよいか」を考えましたが、その際に問題になったのは、「苦痛を感じる」ってことでした。

そこで、「亜人とは、人間と違って不死だが、人間と同様に痛みを感じる」と概念化しましょう。「亜人」という概念の中身を、「人間と違って不死」と「人間と同様、痛みを感じる」という二つの要素に簡略化して考える。そして、これらの要素の変換を考えてみます。そうすると、例えば、「人間と同じく不死でないが、人間とは違って痛みを感じない」ってのが考えられます。これで新しい概念の中身が出来たわけです。

もっとも、みなさん「なんじゃそれ？」と思うかもしれません。でも、考えてみれば、こういうのって実際にいるわけです。例えば魚とか。魚には痛覚がないらしいのです（ただし、最近では異説もあるようです）。

同様に、亜人の概念の中身を変換すれば、他にも概念が出来ますね。では、作ってみてください。また、その概念に当てはまるものが実際に存在するかどうかも考えてみてください。

概念〔　　　　〕

その概念に当てはまる存在が〔ある／ない〕。ある場合、その中身は〔　　　　〕。

【5-4】再び、愛と無関心――マトリックスによる整理

方法とかコツとか

このパートでは攻めに出て、何か新しいことを考えるためのやり方として、直観的なひらめき、帰納、類推、新しい概念の創造を見てきました。でも、自分が考えようとする問題も様々なのだから、やり方も問題に合わせないといけません。ひょっとすると自分で新しい方法を生み出す必要だってあるかもしれません。実際、優れた哲学者というのは、なんか新しいアイディアを考えついたというだけじゃなくて、自分なりの方法っていうか、コツのようなもの自体を発明していることが多いわけです。

だから、そうしたものなら山ほどあるんですが、ただ数だけたくさん紹介してもしょうがないし、中には結構な訓練の必要なものもあります。だからここでは、基本的なものをもう一つだけ。**マトリックス**を使うやり方です。

これは、やり方の基本がすごく単純なわりに、とても便利です。学生さんたちの中にも、「自分でも使ってみたら便利だったので、それ以来よく使っています」というコメントを書いてくれた人が何人かいました。

再び、愛と無関心

さて、4-2章で、「愛の反対は憎しみではなく、無関心である」という名言を取り上げて、結果として、「愛の反対は憎しみだけど、愛も憎しみも両方とも、相手に関心を持つことだから、大きく言えば愛と憎しみは『関心』ということで一つに括れる。愛や憎しみを含めた関心の反対は、もちろん無関心」という考えに至りました。一二三頁の**図4**をもう一度見てください。

でね、これってなんかバランス悪くないですか? だって、関心の方は、肯定的か否定的かで二つに分けたのに、無関心の方は「無関心は無関心だし」ということでそのまま放置プレー。そこで、この点をもう少し考えてみましょう。

理詰めで考える

ここから一足跳びに何かひらめく人もいるかもしれませんけど、そうでない場合には、ちょっとじっくり考えた方がいいです。「じっくり」というのは、ひらめきや直観に頼るのではなくて、理詰めで考えるっていうことです。理詰めで考えるのは、一歩一歩。だから、じ、っ、く、り、なのです。

無関心の方は一個のまま放っておかれましたけど、関心の方は、愛と憎しみの二つに分けました。そりゃあ、愛と憎しみでは全然違うから当然です。愛の方は、相手に関心を持っているんだけど、もちろんその関心は肯定的です。一方、憎しみの方も関心なんだけど、相手に対して否定的な関心を持っている。もちろん、嫌いな相手だから逢いたくもないっちゃあそうだけど、それは決して無関心ということじゃなくて、できれば「アイツなんかお昼に食べた焼き肉定食が当たって下痢して、彼女の前でうんこでももらしやがれ。豆腐の角に頭をぶつけて髪の毛白和えになれ！」とか、そういう悪意を持っている。これは否定的な関心です。

だったら、これに合わせて、無関心の方も同じように二つに分けてみたらどうでしょう。つまり、否、定、的、な、無、関、心、と、肯、定、的、な、無、関、心、がある、と考えてみるわけです。おお?!

マトリックス、新しい発見

最初は三つ、つまり、愛、憎しみ、無関心という三つだったのが、ここで一個増えました。これは新しい発見かもしれません。

愛も憎しみも関心も、考えてみると、どれも他の人に対する態度を示しています。我々がやったのは、いわばそれを、**分類**することだったようです。

まずは大きく、関心があるかないかで二つに分けました。そして、そのそれぞれを、肯定的と否定的

【図9】

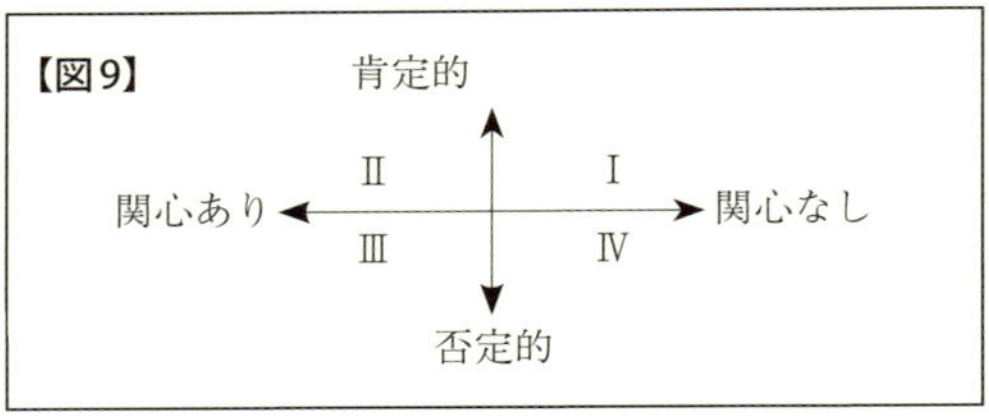

の二つに分けました。その結果として、肯定的な関心、否定的な関心、肯定的な無関心、否定的な無関心の四つに分けられたわけです。これを、一目で見渡すために使うのが**マトリックス**、一種の表のようなものです。マトリックスにもいといろとあって、中には複雑なものもありますが、ここでは最も簡単なマトリックスを作ってみます。

二種類の基準を、縦横の軸にして、全体を四つに分けてみるのです（**【図9】**）。座標のようなものですね。このうち、Ⅱのところに入るのが「愛」で、Ⅲに入るのが「憎しみ」です。

マトリックスというのは、ラテン語の「母」という意味のマテルに由来する言葉です。でも、なぜこれが「母」？　それは、「母」が「生み出すもの」だからです。そう、マトリックスは、一定の規則で表を作ることで、新しいものを生み出すものなのです。実際我々は、このマトリックスによって、Ⅰ「他の人に対する肯定的な無関心」とⅣ「他の人に対する否定的な無関心」の二つを新たに発見して、はっきりさせることができました。この他にも、思い付いたこと（直観、概念）を整理してはっきりさせるのに、マトリックスはとても便利です。

新しい発見の中身(1)

ただし、否定的無関心と肯定的無関心と言っても、その実体はまだよく分かりません。はっきりさせることができたと言っても、それは形の上でだけ。肯定的とか否定的とか言っても、しょせん無関心は無関心なんじゃないでしょうか？　我々が新発見だと思っても、その実体がないんだったら、何にもなりません。

我々は「愛の反対は憎しみではなく、無関心である」というところから出発しました。だから、「無関心ってそもそもネガティブなもの」っていうイメージが付きまとうかもしれません。マザー・テレサが気にしていたのも、そういう意味での否定的な無関心だったのでしょう。それは、他の人に対して、いわば冷淡な態度だと言えるんじゃないでしょうか。だったら、さっきのマトリックスのⅣのところに入るのは「冷淡さ」だとしましょう。

新しい発見の中身(2)

問題は肯定的無関心の方です。うん、難しいですね。もう、難しくってワクワクするのです。難しそうなだけに、見つかったら「おお！」ってなる可能性、「見つかった！」感があるからです。

でも、すぐには思いつきません。難しい。「早く答えを教えろ！」と思う人もいるかもしれませんが、私だって、初めから答えが分かっていて書き出したのではないのです。自慢じゃないけど、私だってこんなこと初めて考えたことで、心意気だけで無責任に書き始めたんですからね。

うーん、そこで、もう少し補助線を引きましょう。そもそも愛っていうのは、誰かを愛するってことです。当たり前ですけど。でも、無関心というのは、突き詰めていくと、単に一人の人とか特定の人に関心がないというより、誰に対しても無関心であるはずです。

例えば、中村君は恋人の山田さんを熱愛しているのですが、クラスメイトの桜井さんには特に関心を持っていない。でも、だからといって、「中村君は無関心な人だ」とは言わないでしょう？　つまり、もし「本当に無関心な人」がいたとすると、この人は全ての人に対して同じように無関心なのです。

そこで、無関心に対するネガティブなイメージを取り除いて、全ての人に同じように接する的な態度のことを考えてみる。そうすると、そういう人は「公平・中立な人」じゃないでしょうか。

しかし、無関心ってのがひっかかります。でも、全ての人に対して公平、誰に対しても同じように接するためには、特定の人に関心を持っていてはできません。そう、無関心だけど冷淡じゃなくて、なんて言えばいいのか？　そう、むしろ冷静なのです。

こうして考えてみると、さっきのマトリックスのⅠに入るのは、「冷静な公平さ」ではないでしょうか？

新しいマトリックス

これで新しいマトリックスが出来ます（**【図10】**）。

これだけでも、少なくとも何個か発見がありましたから、かなりの成果です。でも、もし気になるところがあれば、概念やマトリックスを修正することも考えられます。例えば、さっきのマトリックスを少し手直ししてみましょう。

【図10】

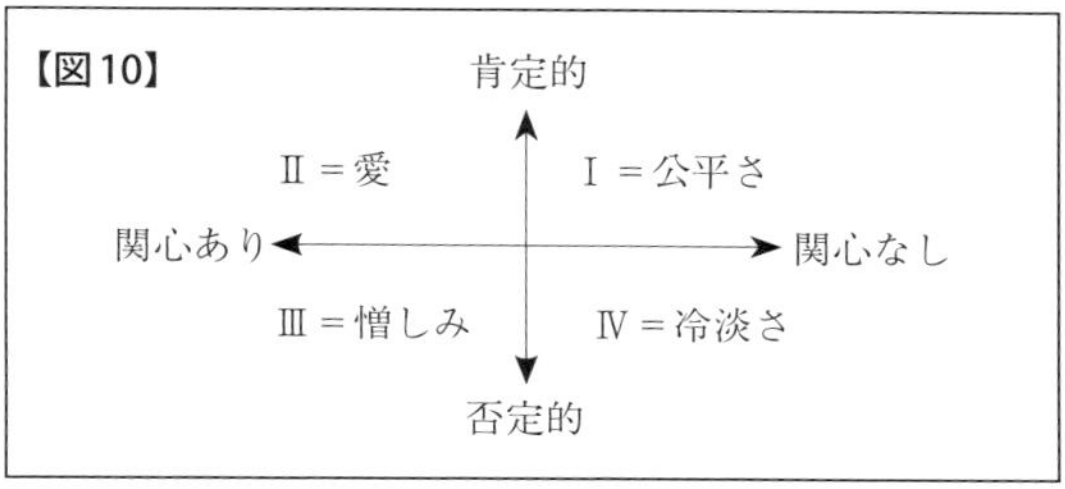

【図11】

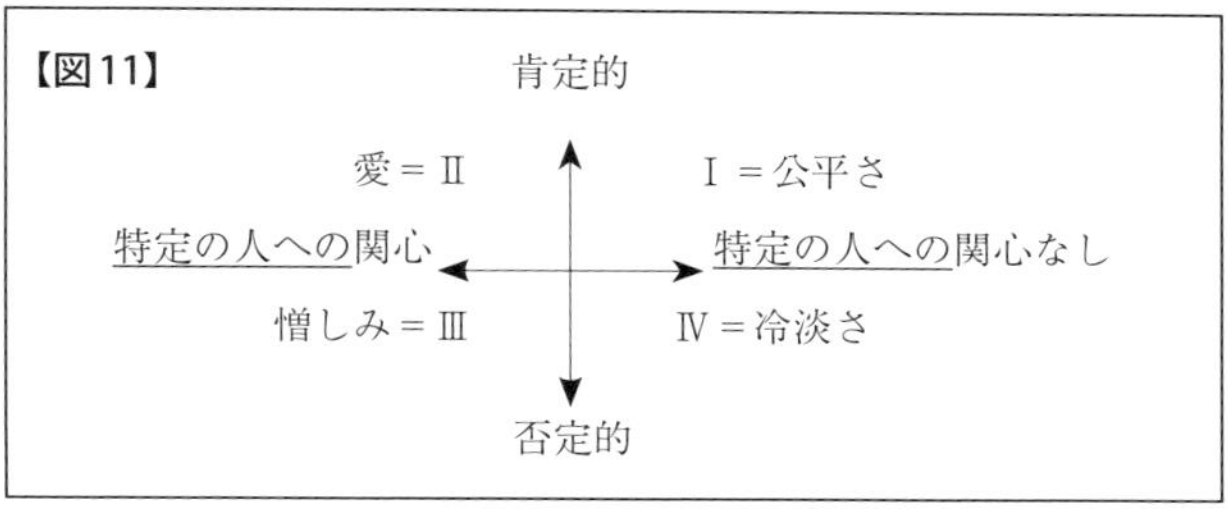

「公平さ」というのは、単なる無関心というより、「特定の人への偏った関心がない」っていうことだと理解するわけです。これだったら、「冷淡さ」にも当てはめられます。だから、一点だけ書き足します（**【図11】**の下線部）。

この章のまとめ
——違うか同じか

さて、何かを考えると言っても、基本は単純なものです。哲学者が考えた何だか難しそうなことでも、極端に言えば、「これは同じ」、「これは違う」という、二つのシンプルな判断しかなくて、後はその組み合わせなのです。

新しいことを考えると言っても、無から全く新しいものを思い付くといった魔法のようなものじゃありません。できるのは、違うものを結び付けるということだけです。我々がこのパートで見てきたのでは、類推なんかがその典型です。一方、概念を作って、違いをはっきりさせるっていうこともできるわけでした。そして、ここでやったのも、つまりは同じと違うを組み合わせてみただけのことです。ここでは、それをマトリックスの形にして、新しい概念を発見する、生み出す形にしただけ。

二つのものの間で同じ、違うを考えるだけでも、少し分かることはあります。でも、もうそれで終わりと言えば終わり。「愛と憎しみは反対」。うん、その通りだけど、それだけ。そこで、三つ目を考え合わせてみると、ちょっと考えが動き始めます。「愛の反対は憎しみではなく、無関心である」という名言は、そのきっかけを与えてくれました。でも、あくまできっかけ。そこから考えていって、同じと違うを組み合わせて、四つ目も発見する。これによって、「人に対する態度」という漠然としたものが、くっきり四つに分けられたわけです。

【練習問題26：亜人のマトリックス】

練習問題25（一七〇頁）で、「亜人とは、人間と違って不死だが、苦痛を感じるもの」として、そこから内容を変換して別な概念を作りました。その答えです。「人間と同じく不死でないが、人間とは違って痛みを感じないもの」。「人間と違って不死で、痛みを感じないもの」。「人間と同じで不死でなく、痛みを感じるもの」。

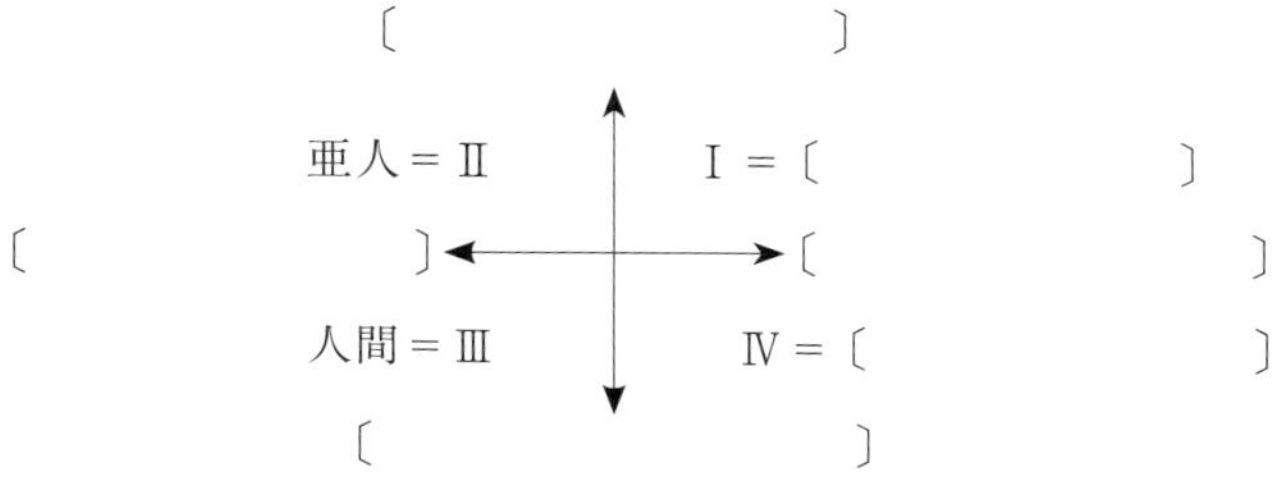

で、その具体例です。「人間と違って不死で、痛みを感じないもの」。これは何だか分かりません。神様とか幽霊みたいなものでしょうか。「人間と同じで不死でなく、痛みを感じるもの」。これはまさに人間もそうだけど、動物も入るかもしれません。

さて、こうして四つ出来たわけだから、マトリックスを作って整理してみてください。

付録

哲学するためのリソース

【付録1】宝の山——哲学史の活用

宝の山

この本は、自分で哲学することを重視して、そのための哲学のやり方を主に扱ってきたわけですが、哲学を勉強する場合、過去の偉大な哲学者たちの哲学を学んで知識を身に付けるっていうやり方だってあるわけです。ここではそういうやり方を取りませんでしたけど、ここまで哲学する方法を学んできたら、それをより発展させるためには、やはり、大哲学者たちの考え、哲学の歴史を学ぶのは大いに参考になります。はっきり言って、宝の山です。よだれが出ます。

哲学が始まって以来、もう数え切れないくらいの哲学者たちが登場して、いろんな考えを残してくれているので、どんなことについても、どこかの哲学者が考えているんじゃないかと思えてきます。

しかも、日本は恵まれていて、かなりな哲学書が翻訳されています。いや、私も時には外国語の本を読んだりしますが、日本語訳があるのはありがたいです。

哲学史のお勉強

大学で哲学を専門に勉強する場合、中心になるのはこうした哲学の歴史の勉強です。私もそうやって哲学を学びました。授業も、そういう過去の偉い哲学者の学説を学ぶっていう感じの授業が今までは主流でした。だから、哲学は歴史の勉強だと勘違いしている人もかなりいます。

でも、哲学の目的は、やっぱり自分で哲学することなのです。そのためには、いろんな哲学者の考え、哲学の歴史を知っていた方が便利だというだけなのです。

とはいえ、学生時代には私も、あれこれの哲学者たちの本を読みました。いやあ、楽しかったですねえ。ただ、やっぱり「プラトンくらい読まなきゃ」とか、「ここは覚えておかなきゃ」とか、お勉強モードもありましたから、正直なところ、面白くなくていやいや読んだものもあります。それに、若い頃には、やっぱり新しい哲学とか流行り物に魅力を感じたりするわけです。だから、デカルトとかプラトンとかの古典的な哲学者は、あんまり魅力的に見えない。「ふん、デカルトか」っていう感じ。お勉強となると、だいたいが面白くなくなっちゃう。

でも、そういうお勉強じゃなく、自分の興味で調べたり読んだりするのなら、これくらい楽しいこともありません。学生時代が終わってから、プラトンやデカルトを読み直してみたら、「こんなに面白いものだったのか！」と思ったものです。

自分の関心から読む

でもね、例えば、いきなりカントの本とかを読み出したとしても、そりゃ全然分からないだろうと思うんです。いや、私のことなんですけど。高校生の時、カッコつけてカントの『道徳形而上学原論』という、既にタイトルからしてよく分からない本を読み始めたのですが（なんせ、カントの本としては異常に薄かったので）、見事に分かりませんでした。そりゃもう笑っちゃうくらいに分からないのです。訳者の人たちが注を付けてくれているのですが、それすら分からない。

ところが、最近も必要があってこれを読み直したんですが、やっぱり面白いし大事なことが書いてあるわけです。私も、学生時代にあまり勉強しなかったとはいえ、長い間にはだんだんと哲学史の基本の知識もたまってきただろうし、少しは理解も進むようになったらしいのです。みなさんも喜んでください。

だから、なんかすごい哲学書らしいからといって、いきなりそれだけ読んでもダメだろうなと思います。少しは基本的な知識の勉強もやっぱり必要なのです。

哲学書には、本当にいろんな内容のもの、実に様々なスタイルのがあって、自分との相性なんかもありますから、一冊読んで面白くないとか合わないとかでやめるんじゃなくて、自分の関心のあるものにどんどん挑戦して、合わなそうだったら別のを、っていうのでいいと思います。なんせ、長い歴史があって、本当に多くの哲学者の様々な考えがあるわけですから、少し気長に見ていくと、気の合うヤツが見つかるかもしれません。

きっかけはどんなものでもいいと思いますけど、王道のやり方と言えるのは、やはり自分の関心から出発することです。何かについて自分なりに考えたい。そういう時には、偉大な哲学者たちがヒントをくれるかもしれません。

この本に、実は登場していた哲学者たち

この本を振り返ってみても、実は、あっちこっちに有名な哲学者の考えが織り込まれています。私自身が気付いていたものもありますし、後から「あれっ？これはあれじゃん！」と気付いたのもありました。

そこで、今まで名前は出ていなかったけど、実は登場していた哲学者の考えを少しだけ見ておきましょう。

ヘーゲルの弁証法

練習問題17（一一七頁）で、「『今は昼である』と『今は夜である』を両立させるには？」っていう問題が出てきました。ヒントも挙げておきましたね。どの視点から見ているかに気を付けること。

はい、答えです。

この二つの文は、同じ視点で見ると対立していますが、違う視点からのものだとすれば、十分に両立します。例えば、日本で「今は昼である」とすると、ブラジルでは「今は夜である」になるでしょう？対立や矛盾が生じるのは、それを日本かブラジルか、どちらかの視点だけで考えるからです。だから、この二つを両立させるためには、その両方を含む、より大きな視点が必要になるわけです。つまり、「地球は回っていて、昼が夜になり、夜が昼になる」と捉える視点です。

こういう、より大きな、高い立場から見て、矛盾を解消することを止揚と言います（ドイツ語でアウフヘーベン。そう、東京都知事の小池さんが使ったので有名になったヤツ）。そして、対立するAとBそれぞれを、

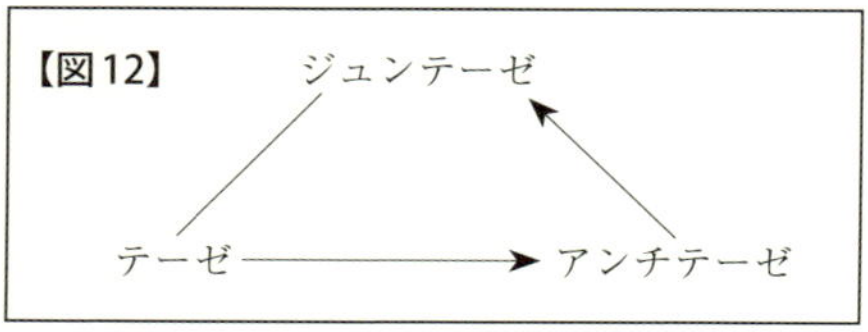

テーゼ（正命題）、アンチテーゼ（反対命題）、その両方を含むものをジュンテーゼ（総合命題）と呼びます（【図12】）。

人間が物を理解する場合、テーゼからアンチテーゼが生まれ、それがジュンテーゼに至るというプロセスがよく見られます。このプロセスのことを弁証法と呼んだのが、ドイツの哲学者ヘーゲルです。

ヘーゲルが重視したのは、視点は変化するということですが、さらに言えば、そうした変化（矛盾が生まれ、それが解消するという弁証法的なプロセス）が人間の歴史を作る、というのです。こうしてヘーゲルは科学も社会も経済もみんなまとめて、壮大な哲学を作りました。

もっとも、我々の理解だって、人間の歴史だって、いつもいつもこんな風に「めでたしめでたし」で終わるとは限らない。でも、なんか対立とか矛盾とかがあったら、それをより広い視点から見渡してみるっていうのは、やっぱり大事なことです。

ハイデガーの「不安」の概念

1-1章では、感情にも、はっきりしたこれという対象があるものと、そうじゃなくてボンヤリしているのがあるんじゃないかと考えました。

書いていた時には気付いてなかったのですが、読み直すと、これはハイデガーが不安について考えたことと（少し）似ているんじゃないかと思いました。

ハイデガーというのは、顔は怖いし、言うことは難しいし、政治的にあれこれ問題があったりするのですが、人によっては虜になるくらいに魅了される人がいる哲学者です。

そのハイデガーは、不安と恐れを区別しました。恐れは何が怖いかはっきり分かっているんだけど、不安の方はそうじゃない、と考えたのです。「幽霊が怖い」とか「高いところが怖い」とかは、確かにはっきりしています。でも、不安なのは漠然と不安で、対象がない。そのことを哲学者らしく、「不安の対象は無である」なんて言ったり。

歴史の積み重ね

でも、ハイデガーもこれを考えるためには、キルケゴール（コラム6〈一五一頁〉）の考えを参考にしています。キルケゴールは、不安だけで一冊の本を書いたのです。この人は当時流行していたヘーゲルの哲学を学びました。でも、ヘーゲルみたいに立派な哲学はできそうにないし、人生にもいろいろあるし、「うわあ、絶望する、不安だ」となって、それを掘り下げて哲学して、ものすごく深い考えを生み出しました。

「哲学者」なんて言ったって、みんながみんな、全部が全部独創的なんてことはありません。哲学の歴史は、受け継いだり反発したりして、こんな風に前の人々の考えをさらに発展させ、展開していく、その蓄積なのです。

終わりに

他にも、例えば、「偶然と必然」（3－2章）といった言葉が出てきました。これらも基本的な概念で、多くの哲学者が多くのことを述べています。これなんかはもう、その哲学史的な蓄積はものすごいものです。

他にもあるかもしれません。みなさんも、そうした、この本の元ネタを見つけたら教えてください。

繰り返しますが、哲学の歴史というのは、その時代の最高の知性が生み出した宝の山です。だから、使えるものがいっぱい（もっとも、使おうとすれば、のことですけどね）。

【付録2】いろんな哲学──哲学のジャンル

哲学にもジャンルがある　哲学は科学とは違って、自分の好きなテーマについて考えることができました。だから、何をテーマにするかによって、「～哲学」というのが無数にあります。

でも、詳しく言うと、「～哲学」には二種類あって、一つは「こういうテーマで考えました」、もう一つは「こういうジャンルです」っていうものです。

例えば、貨幣の哲学とか身体の哲学なんていうのは、一つ目です。二つ目は、**科学哲学**とか**政治哲学**とか**芸術哲学**とかがそうです。

区別が付きにくいかもしれませんけど、目安があります。その後に「～者」が付くかどうかです。つ

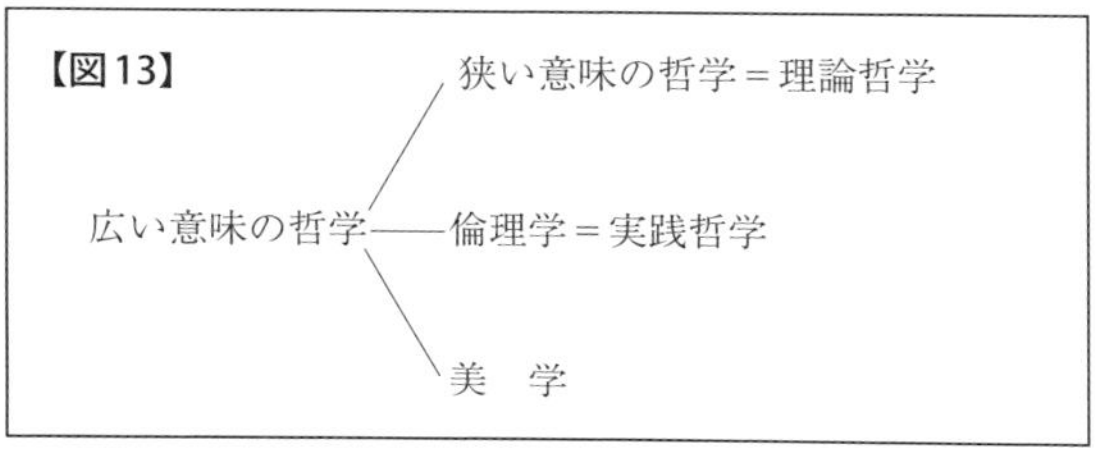

まり、「科学哲学者」、「政治哲学者」といった言い方はあるけど、「貨幣哲学者」とか「身体哲学者」とは言わない。

で、テーマはほとんど哲学者ごとにあると言っていいくらいですが、ジャンルは、数えていくとそれほどありません。それらについてごく簡単に見ておきましょう。

哲学の三分類

まず大雑把に言って、広い意味の哲学は三つに分けられます。狭い意味の**哲学**、**倫理学**、そして**美学**です。

広い意味の哲学と狭い意味の哲学があってややこしいので、その場合には、狭い意味の哲学を**理論哲学**と呼び、倫理学の方を**実践哲学**と呼びます。

理論哲学1（存在論）

理論哲学も、大きくは**存在論**と**認識論**に分かれます。まず**存在論と**いうのは、**存在**について論じます。存在っていうのは存在だし、まあ、単純なことなわけで、「そんなものがなんで問題なのか」と思う人もいるかと思いますが、それがなかなか。「存在する」は、どんなものにも当てはまるわけですが、それだけに、いろんな意味での存在が考えられるからです。

例えば、私が今いる部屋には、本棚とか椅子とかペンとかが存在します。

こういう物体的なものは、一見すると分かりやすい存在に思えます。では、物体的なもの以外にも存在はあるでしょうか？　心とか精神とか？　あるいは、善とか悪とかも存在する？　「いや、そんなもの存在しないだろう！」と言う人もいるかもしれませんけど、そう言い切るのもちょっと何だか。もちろん、物体のような意味で「善は存在する」とは言えないでしょうけど、別な意味でなら存在すると言ってもいいかもしれません。

あるいは、ペンとか椅子が存在すると言ったって、それらはやがては壊れて存在しなくなる儚《はかな》い存在、ひょっとすると存在の仮の姿かもしれません。だとすれば、本当の存在、永遠の存在といったものも考えられるでしょうか？　もしそうした究極の存在が考えられるのなら、我々が現実だと思って一喜一憂したりしているものは、実は本当の存在の現れにすぎないのかもしれない。

というわけで、存在だけでも考えることは山ほどあるのです。

理論哲学2（認識論）

理論哲学のもう一つの領域は**認識論**。これは文字通り**認識**を扱います。つまり、人間の「知る、理解する」っていう働きや能力について研究する。だって、知ると一口に言っても、これも存在と同じで、いろんな意味がありますしね。

存在論のところを少し長く書きすぎたので、ここは簡単にしておきますが、我々にとって特に大事なのは、真の認識です。だから、「真」であるとは何か、真理とは何かといったことも問題になります。

もちろん、知ると言えば、その主語になるのは一般には人間でしょうけど、もっと広げて考えると、動物とか、あるいは人工知能だって認識すると言えるかもしれない。

科学も我々の認識の仕方の一つなので、認識論の研究範囲です。そういうのは、**科学認識論**（エピステモロジー）とか**科学哲学**とか呼ばれます。

形而上学

認識や存在についての一番抽象的なレベルの研究を、特に**形而上学**と呼ぶことがあります。

付録なので、ちょっとリミッターを外して抽象的な言い方をしますけど、我々が「知識」と呼んでいるものの多くは、「〜したら…になる」的なものです。これが分かると、自分が何をしたらいいかもかなり分かります（スイッチを入れると電気がつく、こういう風に仕事するとお金が儲かる、とか）。それに対して、学問的な知識は、「〜したら…になる」っていうのを成り立たせている、この世界内での仕組みを解明しようとするものです。これが科学の役割（「スイッチ→点灯」なら物理学が、「仕事→お金」なら経済学が担当する）。ところが、そもそもこの世界が存在するとかしないとか（さっきも見たように、我々が現実と思っているものが本当に存在するかどうかも問題になるわけだから）、その根本の性格とか、といったことになると、もう科学は手出しができません。そういう根本的な問題を扱うのは哲学にならざるをえないのです。というのは、科学は「世界が存在していて、それを一定の仕方で解明できるはずだ」という根本的な仮定に従っていて、その仮定そのものは証明できない前提だからです。それに対して哲学は、科学が信じて疑わない（疑えない）前提そのものが正しいのかさえ問題にします。

はいはい、日常からすれば縁遠い話だと思う人もいるでしょうねぇ。この辺りが、「役に立たない現実離れした哲学」というイメージを生み出している元かもしれませんけど、それも真実を探求したいという欲求の果てに出てきたものです。実際、科学が発達して、我々の視線が物の方に集中することになったので、一時、形而上学はあまり流行らなくなっていました。しかし現代では、論理学が劇的に発達したお陰で、使える道具も手に入って、再び形而上学が復活してきた。しかも最近では、こうした考察が、例えば人工知能の研究とか脳科学の研究と密接に繋がってきています。

実践哲学（＝倫理学）

人間は知る、認識するだけじゃなくて、**行為**もします。何かする、行為する、それを、理論に対して**実践**と呼び、実践に関する哲学が成り立ちます。別名**倫理学**です。形而上学と違って、こっちは我々の生活に直結するものです。**認識**で大事なのが「真」でしたが、**行為**で問題になるのは、「善」です。

この分野の元祖とも言えるソクラテスの言い方を借りると、人間は単に生きるのではなくて、「よく生きる」っていうことを目指します（確かにそう）。でも、誰もが目指しているのに、必ずしも「よく生きる」ってことができていない。なぜなら、「よく生きる」とは何かを知らないからだ。そうソクラテスは考えたのです。だから、「よく生きる」ためには「よく生きるとは何か」、「善とは何か」を知らなければならない。こうして倫理学は生まれました（名前を考えたのはソクラテスの孫弟子アリストテレス）。「よく生きる」のには、善の他にも、正義とか愛とか、勇気とか、寛容さとかも必要かもしれない。そういうのをまとめて倫理と呼び、倫理学はそうしたものを扱います。

倫理の延長には、政治や法律といった社会の仕組みがあります。そこで、**社会哲学**、**政治哲学**、**法哲学**といった分野もあります。

応用倫理学

倫理学も、倫理学本体である**規範倫理学**と**応用倫理学**に分けられます。現代では様々な科学技術が発達したお陰で、我々の生活は便利になりましたけど、その分だけ今までにない問題が生じてきました。

例えば、延命技術が発達して長生きできるようになったのはいいことに見えるけど、治せない不治の病だってあります。そうすると、結果的に病で苦しむ時間が長くなるだけ、っていうこともあります。そこで、「安楽死は許されるのか」といった問題が生じる。こういう問題を扱うのが**生命倫理学**。医療の発達は凄いので、生殖技術とか遺伝子技術とか脳死とか臓器移植とか、論じなければならない問題が山盛り。

他にも、**科学倫理学**、**工学倫理学**、**環境倫理学**、**情報倫理学**なんていうのもあります。

美　学

さて、**美学**ですが、ぶっちゃけ、私はあまり詳しくないので、簡単に。

哲学や倫理学は二〇〇〇年以上の歴史があります。でも、美学はとても新しい。名前が出来たのも、一八世紀になってからです。というのも、美しさとか、それを捉える感覚とかはとても不安定だとして、昔はあまり注目されなかったからです。

美学は英語だとエステティックですけど、これはアイステシスというギリシャ語に由来します。これは感覚、感性のこと。だから、今は「美学」って言ってますけど、これは「感性学」という意味だったわけです。哲学は知性や理性を重視してきましたけど、感覚や感性を、どちらかと言えば苦手にしてきたのです。

授業で「美学っていう、美しさを研究する分野があります」なんて言うと、「美しさだけでそんなに研究することがあるんですか?」というような質問をされることがありますけど、これがなかなか奥深いのです。

例えば、芸術なんかは一般に美しいものですけど、中には美しいとは言えないような絵とか音楽もありますよね。はっきり言って、醜さを目指したとしか思えないような芸術作品もあるわけです。

それに、「美しい」のは人間の作るものばかりじゃありません。自然のものだって美しい。それに、哲学者だって科学者だって数学者だって、「この解法は美しい」とか、「こっちの理論よりこっちの理論の方がきれいだ」などと言ったりします。「美しさ」にもやっぱりいろんな意味があるわけです。

終わりに

この本の本文では、哲学を知らない人にとってどういう問題が分かりやすいかと考えた結果、ジャンル的に少し偏った題材の選び方になったかもしれません。だから、この本で哲学に関心が持てなかったとしても、ちょっと気長にあれこれ探してみてください。

あとがき――哲学最強の方法

前に書いた『愛とか正義とか』の読者の方々から、「こういう風にやるんだったら、自分も哲学できるかもしれない」と言って頂けたのは嬉しかったのですが、それとともに、「本当は『愛とか正義とか』だけでは自分で哲学するのは難しいだろうな」と思って、こんな本を新しく書いてみたのですが、どうでしょう？　これで自分でも考えられるように……。

そうなればいいですが、そうでなくても、ともかく哲学っていうのは自分でやるもので、そこにも基本的なやり方があるということさえ分かってもらえれば、そして、後はそれこそみなさんが自由に哲学してくだされば、それでこの本の目的は達したことになります。

哲学を難しく考える方の中には、「こんなことで哲学できるようになるわけはない！」と言う人もいるかもなあ、と思います。そうかもしれません。でも、それは、そもそも「哲学」ってもののハードルをかなり上げてしまっているんじゃないかと思います。

実際、もしみなさんの中に、この後も哲学をやってみようという奇特な方がおられたら、なるほどまだまだ学ぶことは多い。ここで書いた以外にも無数のやり方やコツ、基本概念が哲学にはあるからです。哲学を専門に学ぶ人たちは、それらを学ぶために哲学の歴史も勉強するわけです。

だから、この本の原稿も初めはもっと長かったのです。

例えば、最近では**思考実験**というのが流行っています。サンデルさんの『白熱教室』で有名になった「トロッコ問題」とか、実際には実験できない（だから、科学では扱えない）けど、哲学でなら考えられるというヤツです。でも、有名になりすぎて、授業で取り上げたら「もう聞き飽きました」っていう人まで出てきたし、本もいっぱい出ているんで、ここでは省きました（思考実験はフィクションと相性がよくて、哲学の思考実験がマンガやドラマに使われたり、SF小説なんかを思考実験として使うこともできます。この本で取り上げた『デスノート』や『亜人』なんかも一種の思考実験として考えられます）。

だから、この本はあくまで、哲学する基本のやり方を取り上げて、「こんなんですけど、どうすか？」と、まあ、それだけ。だけど、専門的にでなくても、ここまでできればかなりのものだと私は思います。

ただ、哲学する最強の方法について、まだ一言も触れていませんでした。「そんな方法があるんなら、早く教えてくれよ！」と思われるかもしれませんが、いやあ、そこにはちょっと事情があるんです。というのは、その最強の方法というのは、実は、**対話**だからです。

「対話って？」と思う人がいるかもしれませんけど、いや、対話は対話です。人と話すこと。あまりに単純すぎて、説明するまでもないのです。

ただ、敢えて言うと、単におしゃべりして楽しいっていうだけじゃなくて、人との会話の中でも、ふと気付くことがあるでしょう？　「あれ？　ひょっとするとこういうことなのかな？」っていう風に。そう、今までも何度も触れてきたひらめき、直観です。「そうしたものは向こうからやってくる」的なことを書きましたけど、実は、そうしたものをもたらす方法があるのです。そう、対話です。対話は、自分ではない別な人と話すことです。当たり前ですが。そうすると、自分の中だけでは出て来ない発想が、ひょこっと生まれてくる可能性があるわけです。自分が考えたのでもなければ、相手が教えてくれたのでもない。対話する二人の間に生まれてくるものがあるのです。

古代ギリシャの哲学者プラトン、哲学者の中の哲学者であるプラトンは、そうしたものを飛び火と呼びました。そして、プラトンに飛び火を生み出したのは、師匠ソクラテスとの対話でした。このソクラテスこそ対話の達人だったのです。

ソクラテスというのは変わった人で、知を愛し、求めて、当時のアテネの人々と、文字通りの意味で**対話**し続けた人でした。しかも、一冊の本も書き残さず、おまけに、最後は死刑になって。

では、なぜソクラテスが死刑になったかというと……。

いかんいかん、この調子だと、またここから哲学の歴史について書き始めて、あとがきがもう一冊分くらいの分量になりそうです。だからもうここまでにしますが、哲学は要するに出会いです。いきなりですが。

まずは世界と出会うこと。自分が世界と出会って、いわば世界と対話する。そこで何かを受け取る、貰う。それがひらめき、思いつき、直観です。

ソクラテス以前の哲学者たちの言葉はすごく面白いんです。大部分は失われてしまって、残念ながら断片としてしか伝わっていませんが、身震いするほどの洞察がそこには見られます。そこには最初の頃の哲学者たちが世界から受け取った贈り物が詰め込まれているのです。ただ、断片だということもあるし、まだ推論とか論証とかそんな手続きも十分に行われていない。だから、これら哲学者たちの言葉は、ほとんど詩か預言のように響きます。

しかし、ソクラテスが登場して、それを他の人にも伝わるようにするための方法を生み出した。つまり、出会う相手が世界じゃなくて人だった場合、それがいわゆる対話、ソクラテスの問答術なのです。

私もソクラテスにはあれこれ教えて欲しいこともあるし、逆に文句を言いたいところもあります。でも、残念、相手はとっくの昔に、もう二千数百年前に死んでます。ではどうするか。

幸いなことに、ソクラテスの死後、プラトンがソクラテスと人々の対話の記録を残してくれました（だいぶプラトンの考えも入ってますけど）。そして、プラトン以降、多くの哲学者たちも自分が考えたことを書き残しました。だから、そうしたものを読めば、過去の哲学者たちと対話することができます。

さらに、第四の方法があります。それは、自分との対話です。

哲学するなら、やはり考えたことを紙に書いてみることです（もちろん、パソコンとかスマホでもいいですが）。そして、それを自分で読んでみる。そうすると、自分でも思っていなかったことが発見できるものです。

さらには、達人になると、そうしたことが紙に書かなくてもできるようになります。自分自身との内的な対話です。

というわけで、世界との対話、人々との対話、過去の哲学者たちとの対話、自分の書いたものとの対話、自分の中での対話、というように、ええっと、全部で五種類ですかね（まぁ、数はどうでもいいですけど）、ともかく様々な形での対話ができます（さらに、まだどうなるか分かりませんが、もう一つ考えられるのは、ＡＩ（人工知能）との対話です。今のＡＩではダメかもしれませんけど、将来的にその可能性はあるでしょう）。そこからいろんなアイディアとか、場合によっては問題とかを与えてもらう。それが哲学、少なくとも哲学することの原点です。

本は一つの小さな世界で、その境界（1-2章）に当たるのがまえがきとあとがき。今、「本はここまでですよ」という出口に当たる境界、あとがきまで来ました。この小さな世界を旅したみなさんは、これから、この外の世界に出ていく。そうして、世界やそこにいる人たちと対話して、哲学してくだされば、と祈りながら、この本を終わらせていただく所存です。

この本自体、対話からできたものです。授業に参加して下さった学生さんたちの声がこの本のあちこちに響いていることと思います。またこの本は、原稿の段階で、いろんな人に読んでもらい意見を聞かせてもらって、つまりは対話しながら形になりました。川本君、幸保さん他、特に砂田君、ありがとう。また、今回も萌書房の白石徳浩社長、編集の小林薫さんにお世話になりました。お礼申し上げます。

平尾昌宏

二〇一八年二月　京都にて

巻末特別付録

おまけの問題集

おまけに、考えるための材料として問題を追加しておきましょう。簡単に一言で答えられる問題から哲学者でも苦労する問題まで、また、ジャンルもあれこれ取り揃えました。

【一言くらいで答えられる問題】……ここはできてほしい。

問1 「ロッテの『ガーナ』チョコはおいしい。だから、ロッテの『クランキー』チョコもおいしい」というのは、この本で出てきたどのタイプの**推論**でしょう？

問2 (1)境界は存在するか（1-2章）、(2)人生はゲームか（2-1章）、(3)偶然か必然か（3-2章）、(4)正義は人によって違うか（4-1章）、(5)帰納は推論か直観か（5-1章）の各問題は、どの分野に入るでしょう？ 存在論、認識論、倫理学に分けてみてください。

問3 「ソクラテスは哲学者である」という場合、主語と述語を入れ替えて「哲学者はソクラテスである」と言っても、正しい文になりません。それに対して、「日本の初代総理大臣は伊藤博文である」という文なら、主語と述語を入れ替えて「伊藤博文は日本の初代総理大臣である」と言えます。なぜでしょう？

【考えれば、思ったより簡単に答えられる問題】……ちょっと考えればできます。頑張れ。

問4 時間と空間は典型的な**対概念**ですが、この二つは全然違う点があります。どう違う？

問5　スマップが歌っていたように、ナンバーワンとオンリーワンは違っているらしい。では、どう違うのか、説明してください。

問6　**三段論法**は推論のいちばん基本的な形式。この本でも、「これは三段論法です」と書いていないところでも、いっぱい使われています。何か一つ見つけて、整理して書いてみてください。

【一言で答えるのは無理だけど…、という問題】……ここができればかなりのものです。

問7　一七世紀フランスの哲学者パスカルはだいたい次のように言っています。

「神は存在するかしないか。そして、神を信じてそれに賭けるか、それとも神への信仰に賭けないか。神が存在する場合、神に賭けたとしたら、永遠の幸福が得られる。存在しない場合でも、賭けて損することはない。逆に、神が存在して、もし賭けなかった場合は、死んでも救われない。だから、神に賭けないより、賭けた方がよい」。

さて、この推論は正しいでしょうか?

問8　授業で「お金は必要か?」という問題を考えた時、吉田君は「必要ない。お腹が減ったら無銭飲食すればいい。もし警察に捕まっても、税金で食べさせてもらえる」と主張しました。この説が正しいかどうか検討しなさい。

問9　1-2章で境界という概念が出てきました。境界をぐるっと円形に閉じると、内側と外側に分かれます。一般に、内側とはそれを見ている視点がある側だと定義できます。では、それ以外に、内側と外側を定義できるでしょうか？

【だいぶ考えないといけない問題】……これは難しい。でも、ヒントは本文にあります。

問10　ＡＩ（人工知能）は哲学する（もしくは、哲学できる）でしょうか？

問11　有名な**思考実験**（一九六頁）の一つに、ノージックが考えた「経験機械」があります。カルト的な漫画家の諸星大二郎さんが「夢みる機械」という短編で同じようなアイディアを示していますね（『世にも奇妙な物語』でドラマ化もされたようです）。

技術が発達して、人間の経験を完全に再現できる装置（体感型ゲームの発達したようなもの）が開発されたとします。その装置に入ると、好みの経験（金持ちでモテモテの有名なスポーツ選手とか）をリアルに味わえるのです。

ちょっとしたゲーム感覚で、短い時間なら、そういうめったにないことを経験してみたいと思う人がいるかもしれませんけど、一生その装置に入っていたいと思うかどうか。

そこで、「一生入っていたい」と答える人と、「それはイヤだ」と答える人は、それぞれ何を大事に考えてそう答えるのかを考えてみてください。

問12　「ドーナツの穴」は存在す、る、と言えるでしょうか？

■著者略歴

平尾 昌宏（ひらお　まさひろ）

1965年　大津市に生まれる

1992年　立命館大学大学院文学研究科博士課程満期退学

現　在　佛教大学・大阪産業大学・立命館大学ほか非常勤講師

著　書

『自然概念の哲学的変遷』（共著：世界思想社，2003年），『シェリング自然哲学への誘い』（共著：晃洋書房，2004年），『哲学の眺望』（編著：晃洋書房，2009年），『哲学するための哲学入門――シェリング『自由論』を読む――』（単著：萌書房，2010年），『愛とか正義とか――手とり足とり！哲学・倫理学教室』（単著：萌書房，2013年）ほか。

哲学，する？

2018年4月20日　初版第1刷発行

著　者　平尾昌宏

発行者　白石徳浩

発行所　有限会社 萌《きざす》 書 房

〒630-1242　奈良市大柳生町3619-1

TEL（0742）93-2234 / FAX 93-2235

［URL］http://www3.kcn.ne.jp/~kizasu-s

振替　00940-7-53629

印刷・製本　共同印刷工業・藤沢製本

ISBN978-4-86065-116-9